弁護士が独立を

思い立ったら最初に読む 本

南埼玉法律事務所 代表弁護士 **高倉 光俊** [著]

日本法令

はじめに

　司法制度改革により弁護士の増員が叫ばれるようになってから10年以上が経ちました。令和2年4月現在、我が国の弁護士の人数は4万人を超えており、うち半数が修習60期以降の弁護士、すなわち2007年以降に登録した弁護士になりました。

　弁護士の増員と広告の解禁により、多くの弁護士向けマーケティング本が発売されました。弁護士自身が執筆している書籍もありますが、数十年のキャリアを持つ高名な弁護士や、数十名の弁護士が所属する大規模事務所の所長弁護士の執筆によるものが多く、若手弁護士にとっては参考にし辛いことも少なくありません（もちろん、そのような先生の著書は、弁護士としての人生に重要な示唆を与えるものですから、是非読んだ方が良いと思います）。

　本書は、弁護士13年目となる著者が、弁護士を含めた数名のスタッフによる法律事務所を約10年にわたって経営してきた経験をまとめ、若手弁護士が自らの力で収入を得るためのマニュアルを書き下ろしたものです。潜在的顧客から依頼を受ける方法から、依頼を受けた後の仕事の進め方、事務職員や勤務弁護士の採用など、独立してから経営を軌道に乗せるまでに必要なノウハウを詰め込みました。

　主な読者としては、独立直後の弁護士や、将来的に独立を考えている弁護士を想定しています。もっとも、本書の内容は「弁護士として継続的に仕事を獲得してゆくための方法」が中心となっていますので、顧客から弁護士費用を直接受け取っているすべての弁護士、そして司法修習生や学生など弁護士を目指している方にとって、有益な内容だと思っています。

　なお、本書の内容は令和2年4月時点の情報に基づいていること、筆者の個人的な経験や感想によるものが多分に含まれており、結果を

お約束するものではないことにご留意いただきたく存じます。

2020年4月

南埼玉法律事務所

弁護士　高倉　光俊

CONTENTS

第2章　依頼を受けるためのノウハウ　　**43**

第1章 独立はしたけれども

【Introduction】

　弁護士としての人生は、弁護士会に登録することによって始まります。司法修習を終えて弁護士会に登録した弁護士のほとんどは、法律事務所か企業に就職することでしょう。弁護士登録と同時に独立する弁護士もいますが（「即独（そくどく）」と呼ばれています）、最近は少ないようです。

　法律事務所に所属した弁護士の多くは、事務所から給与を受け取りながら、弁護士として仕事をします。昔に比べて司法修習期間が短くなったため、弁護士として 1 人で仕事をするためには、弁護士になった後でも OJT（On-The-Job Training。業務上訓練）が欠かせません。弁護士としての基礎体力は、この時期に築かれるといっても過言ではないでしょう。

　しかしながら、ずっと勤務弁護士としての立場を認める法律事務所は少なく、所属している事務所から、いずれ勤務弁護士としての関係を終了するよう告げられることがあります。そうした場合、独立して別に事務所を設けるか、共同経営者としての立場で現在の事務所に在籍するかを選択しなければなりません。また、勤務弁護士自身がその立場から抜け出すために、独立をするというケースもあるでしょう。

　独立するケースも共同経営者として事務所に残るケースも、弁護士自身が顧客を見つけなければなりません。経営者の立場になれば、事務所から仕事を与えられるということはないのです。また、独立した場合は事務所運営に関する経費を負担しなければなりません。共同経

営者でも、事務所に経費を納めなければならないでしょう。いずれに
せよ、勤務弁護士時代には経験しなかった困難に直面することになり
ます。

　第1章では、独立した弁護士を取り巻く状況や、独立するに際して
必要な資金、そして「とりあえずこのレベルを目指そう」という到達
点を示すことで、これから独立する弁護士や、独立直後の弁護士の抱
える不安に応えてゆこうと思います。すでに独立の手続きや設備等に
ついて解説する書籍は多くありますので、本書では独立の具体的な方
法については割愛し、独立後における事務所経営についてお話をさせ
ていただこうと思います。

1　若手弁護士の独立の状況

　本書を手に取られた方は、独立を考えている弁護士か、既に独立して事務所を立ち上げたという弁護士が多いと思います。そこで、最初に近年における独立の状況について述べたいと思います。

（1）独立時の平均経験年数

　弁護士白書2018年版によれば、全体の58.1％の弁護士が経営者弁護士（弁護士法人の社員弁護士を含む）、8.2％が自身の売上で収入を得る事務所内独立採算弁護士であるとされています。この統計によれば、弁護士の約66％が、事務所からの給与ではなく、自身の顧客から弁護士報酬をいただくことによって、生計を立てていることになります。

　経験年数別で見てみますと、弁護士登録後5年未満では13.9％、5年以上10年未満では51.3％、10年以上15年未満では75.9％の弁護士が経営者という立場であるとされています。この数字は、弁護士になってから10年が経過するまでに、約2分の1の弁護士が独立していることを意味します。さらに、弁護士になってから15年経てば、実に4分の3の弁護士が独立していることになります。「勤務弁護士として経験を積み、将来的には経営者として事務所経営に関わる」というスタイルは、現在においても多数の弁護士が採用しているように思えます。

　もっとも、経験年数ごとの独立割合は、弁護士全体の数字であり、

地域差については考慮されていません。一般的に、東京、大阪など大都市の法律事務所に所属する弁護士は、独立するまでの期間が長く、地方都市においては早めに独立するといわれています。これは、大都市部では競争が激しく、経験の浅い弁護士が顧客を獲得することが難しいことや、家賃相場が高く、独立のための費用が高いことが理由であるように思えます。他方、地方都市では、独立費用が低額になる傾向があることや、経験年数が浅い段階でも、成年後見人や破産管財人等、裁判所からの仕事の配点があること、国選弁護事件の配点が多く収入を確保しやすいことなどから、数年で独立するケースも少なくありません。

なお、筆者は弁護士になってから3年後に独立しました。その理由は、ある先輩弁護士から、「3年経てばひと通りの事件を経験できるので、事件の筋の大枠を見通せることができる」と言われたからです。独立する前は不安がありましたが、独立してから仕事がなくて困ったことはなく、お陰様で順調な経営を維持することができています。

（2）単独経営事務所か共同経営事務所か

法律事務所の形態はさまざまですが、大きく分類すると、「1人の弁護士がすべての経費を負担している事務所」（ここでは「単独経営事務所」と呼びます）、「複数の弁護士が共同で経費を負担している事務所」（ここでは「共同経営事務所」と呼びます）、弁護士法人に分けられます。

独立した弁護士が、いずれの組織形態を採用しているかを示す公式なデータはありません。ただ、近年では、共同経営事務所の形態で独立するケースが増えているように感じます。これは、1人ですべての経費を負担することが困難なケースが多いことを意味しているのかも

しれません。

①　単独経営事務所のメリット・デメリット

　1人で独立し、事務所を立ち上げる場合は、必然的に単独経営事務所になります。

　単独経営事務所のメリットは、事業に関するすべての事項について、経営者弁護士のみで決めることができる点です。独立の際には、事務所の場所、購入する設備、採用するスタッフなど、さまざまなことを決めなければなりません。これを1人で決めることができるので、他の独立形態に比べ、自由度は格段に高いといえます。同時に、意見調整をする必要がないので、迅速な決定をすることができます。

　他方、単独経営事務所の場合、独立した弁護士がすべての経費を負担することになります。そのため、独立時の経費を抑えるため、事務所の規模は小規模にせざるを得ない場合もあるでしょう。さらに、独立後における事務所維持のための費用、すなわちランニングコストもすべて1人で負担することになるので、売上が十分に上がらないと赤字に転落する可能性が高いということになります。

　費用面以外でも、事務所内に相談できる弁護士がいないため、孤独を感じることもあるでしょう。もっとも、同期や委員会の先輩など、事務所外で相談できる弁護士がいれば、この点はあまり問題にならないと思います。

②　共同経営事務所のメリット・デメリット

　複数の弁護士で事務所を立ち上げる場合は、経営に参画する弁護士が複数になる場合が一般的です。もっとも、修習期の異なる弁護士が一緒に独立する場合、経営にあたるパートナー弁護士と、経営には参加しないが自身の売上から経費を事務所に納入する弁護士、給与を受け取って仕事をするアソシエイト弁護士など、さまざまな立場で新し

い事務所に携わることもあるでしょう。

　共同経営事務所には、個々の弁護士の売上を一括で管理し、経費を差し引いた利益を一定の基準の下で、それぞれの弁護士に分配する「収入共同事務所」、個々の弁護士がそれぞれ自身の売上を管理し、一定の基準において経費を負担する「経費共同事務所」があります。「経費共同事務所」は、複数の弁護士が同じ事務所に集まり、経費負担を共同しているに過ぎないので、弁護士間の結びつきは比較的弱いといえます。これに対し、収入共同事務所は、それぞれの弁護士が、いったんすべての売上を事務所に入れるため、共同経営の弁護士に対する強い信頼がなければ経営を維持することができません。弁護士間において売上のバラツキは当然生じるのですから、短期的に見れば、弁護士間において不公平感が生じやすいといえるでしょう。こうした不公平感を克服した上で維持できる事務所ですから、弁護士間の結びつきが強いと言えます。

　共同経営事務所のメリットには、弁護士1人あたりの経費負担が小さくなるという点があります。後述しますが、法律事務所の経費の大部分は、人件費と事務所の賃料という固定費が占めています。2人の弁護士で独立する場合でも、1人で独立する場合に比べて2倍の経費が必要なわけではありません。そのため、2人で独立すれば、1人当たりの経費負担額は1人で独立する場合に比べて小さくなり、事務職員や勤務弁護士の採用が比較的容易になります。費用負担が低いことから、事務所の規模拡大に対するハードルが低く、事務所の大型化による経費の合理化を図り、1人当たりの経費額をより小さくすることも可能となります。事務所を大型化することで差別化を試みることもできるでしょう（大型の企業法務案件ではない限り、携わる弁護士の数が事件処理において重要になることは少ないと思いますが、所属している弁護士の人数が多ければ、依頼者が安心感を得るという可能性もあるでしょう。法律事務所のホームページには、所属弁護士数の多

さをアピールしている事務所も少なくありません）。

　デメリットは、複数の弁護士が経営に関与する以上、意思統一のスピードが遅いこと、意見の対立が生じる可能性があること、経営に携わる弁護士が事務所を去った場合、残った弁護士に多額の経費負担がのしかかる可能性があることなどです。

　そのため、複数の弁護士が経営に参加する共同事務所の場合、メンバーの選定は慎重にしなければなりません。プライベートで仲が良くとも、一緒に事務所経営をすることができるかどうか、一度冷静に考えてみるほうが良いでしょう。良い友人であることと、経営者として信頼できることは、必ずしも一致しないのですから。

③　弁護士法人

　我が国の法律上、弁護士法人でない限り、法律事務所が複数の事業所を持つことはできません。したがって、支店を出すためには、弁護士法人を設立しなければなりません。また、弁護士法人の場合、依頼者は弁護士法人と委任契約を締結しますので、所属する弁護士が事務所を去ったとしても、原則として委任契約の内容に影響はしないことになります。

　このように、弁護士法人は、支店の開設、所属弁護士の変更による影響の小ささという点では、メリットがあると思います。他方、弁護士会費や社会保険料等が高額になるというデメリットも存在します。

　なお、制度設計していた際には、弁護士法人は複数の弁護士を社員として設立することが想定されていましたが、成立した法令では1人社員でも弁護士法人を設立することができるようになりました。そのため、弁護士法人においても、単独経営事務所のメリット・デメリットと、共同経営事務所のメリット、デメリットがそのまま当てはまることになります。

　弁護士以外の士業の方から、「法人化することで対外的な信用力が

高まる」と聞いたことがあります。しかしながら、弁護士法人には、「弁護士法人だから信用できる」との意見はあまりないような気がします。個人事業か法人かという組織形態は、弁護士の対外的な信用にはあまり影響せず、依頼者はあくまで所属する個々の弁護士に対して信頼感を持つのではないかと思います。

（3）独立した場所

　2018年版弁護士白書によれば、我が国には1万7,468ヵ所の法律事務所があり、うち6,476ヵ所が東京都、1,976ヵ所が大阪府にあります。したがって、弁護士事務所の約半数が、東京と大阪にあることになります。弁護士が独立することで法律事務所ができるわけですから、これまで独立した場所の割合は法律事務所の所在地の割合と近いといえるでしょう（廃業や合併のケースもあるので、必ずしも一致はしません）。

　ただ、これらはあくまで過去における独立場所のデータです。今後も同じような割合で独立するとは限りません。むしろ、弁護士の数が多い大都市部を避け、地方都市における独立が増えてゆくのではないかと思います。すでに多くの弁護士が存在する大都市圏においては、差別化できるレベルの専門性を備えない限り、独立したばかりの弁護士が生き抜いていくことは困難です。そのため、比較的弁護士の数が少ない地方都市において独立し、事務所を経営してゆくケースが多いのではないでしょうか。

　地方都市の場合、独立した場所と何らかの関わりがある場合が多いようです。弁護士自身や配偶者の出身地、司法修習地で独立するという方は少なくないでしょう。他方、なんら関係のない地域でも、人口動態や交通アクセス等を分析し、成長性のある地域を見出して独立す

るというケースもあります。

　顧客層にもよりますが、事務所のある地域を良く知っているということは、依頼者と共通の話題を持つことができ、信頼関係の構築に繋がります。縁のない地域で事務所を立ち上げる場合であっても、その地域がどのような歴史があり、どのような文化があるのかという点は、よく勉強しておいた方が良いと思います。

Column

独立のメリット・デメリット

　本書を手に取られた方の中には、「独立すべきか否か」という迷いがある方もいらっしゃるかもしれません。そこで、筆者が感じた、独立のメリットとデメリットに少し触れたいと思います。

　最大のメリットは、「自由を得ることができる」点だと思います。弁護士は本来自由な職業であるはずですが、勤務弁護士の立場では、ボス弁（事務所の代表弁護士の俗称）から振られる仕事を断ることは難しいと思います。しかし、独立すれば、やりたくない仕事は自由に断ることができます。もちろん、仕事を断れば報酬が入らないのですから、経営上はマイナスですが、「仕事を断ることができる」という選択肢を持っていれば、ストレスも小さくなります。

　また、独立すれば、働く場所も、働く時間も自由です。自宅の近くに事務所を構え、通勤時間を少なくすることもできますし、勤務時間や休日だって自由に決めることができます。

　デメリットは、「保障がない」点です。勤務弁護士であれば毎月給与が振り込まれると思いますが、独立すればそれもなくなります。依頼を受け、弁護士報酬をいただくことができなければ、収入はありません。これに対し、経費は毎月生じてしまいます。他にも、身近に相談できる人がいなくなったり、規模の大きな事件を受任できなくなってしまったりするなどのデメリットがありますが、最大のデメリットは「保障がない」点でしょう。

保障がない以上、弁護士としての実力を上げなければ食べてゆくことができません。だから、必死で勉強します。そうすると、勤務弁護士時代より速いスピードで成長することになります。

　この「成長の機会を得ることができる」という点は、独立する上での隠れたメリットなのかもしれません。

2　独立に必要なお金

　独立する際には、（1）独立のための資金、（2）事務所維持のための資金が必要です。これに加え、当面の生活費も確保しなければなりません。独立直後からたくさんの仕事が舞い込むのであれば良いのですが、ほとんど依頼がないという可能性も決して低くはありません。仮に依頼があったとしても、いわゆる「着手金・報酬方式」を採用している場合は、当分の間は報酬による売上を見込むことが難しいといえます。

　したがって、余裕をもって独立するためには、独立および事務所維持のための費用に加え、少なくとも半年分の生活費を確保しておくと良いでしょう。

（1）独立のための資金

①　不動産賃借に関する費用

　自宅を事務所として登録すれば、事務所用の建物を借りなくても、法律事務所を開設することができます。しかしながら、筆者は自宅とは別に事務所用の建物を借りて、そこに法律事務所を構えるべきと考えています。もちろん、資金があれば建物を購入したり、新築したりすることも可能でしょうが、それだけの豊富な資金があるケースは稀

でしょう。

　不動産を賃借する際には、不動産会社に対する仲介手数料、賃貸人に対する保証金（敷金）・礼金が発生します。オフィスビルなどの事業用不動産の場合、住居用不動産と異なり、保証金が6ヵ月分程度必要になる場合もあるので、注意が必要です。

②　内装に関する費用

　内装にかかる費用としては、パーテーションやカーペット、壁のクロスや配線に関する費用があります。法律事務所は個人情報をはじめとした多くの秘密情報を扱うので、執務スペースと打合せスペースを別々にすることが望ましいでしょう。そのため、ワンフロアの部屋を借りる場合は、執務スペースと打合せスペースを分けるパーテーションが必要です。その費用ですが、衝立のようなパネルを立てるだけであれば、数十万円でも可能ですが、完全な仕切りを作る工事を行えば、100万円以上の工事費用が生じます。もっとも、パネルを立てる場合、音を遮断することが難しいので、執務スペースでの声が打合せスペースまで聞こえてしまうことになります。プライバシー性を高め、お客さまに安心感を与えるためには、音を遮断できる完全な仕切り工事をすることをお勧めします。賃借している場合は、そのような工事が可能であるかを必ず貸主に確認しましょう。

　逆に、それ以外の内装工事については、必要最低限で良いと思います。立派なエントランスは、お金に余裕が出てからでも遅くはありません。

③　什器および電子機器に関する費用

　今も昔も、法律事務所には、机、椅子、本棚、電話機、コピー機およびFAXは不可欠です。そして、これから独立しようとする弁護士に、手書きの書面を裁判所に提出する人はいないでしょうから、パソ

コンとプリンタがなければ仕事になりません。

　では、これら什器等にはどのくらいの費用をかけるべきでしょうか。まず、執務スペースの机や本棚は、必要最低限のもので良いでしょう。執務スペースにお客さまが入ることはないでしょうから、見栄えの良いものを用意する必要はありません。ただ、椅子については費用を掛けても良いと思います。弁護士の仕事は椅子に座る時間が長いので、良い椅子に座ることは作業効率を高めることができるからです。

　これとは逆に、お客さまをお通しする打合せスペースについては、安っぽく見えないテーブルや椅子を用意するべきでしょう。最近は安価でも高級に見える家具があるので、インターネットで検索してみると良いかもしれません。

　パソコン以外の電機製品ですが、独立直後は最低限の機能を備えたものを購入（リースではなく）することをお勧めします。複数の電話回線を引かないのであれば、ビジネスホンではなく家庭用の電話機で十分ですし、FAX・プリンタ・スキャナの機能を備えた複合機も、A4サイズでカラー非対応であれば、10万円前後で購入できます。高機能の複合機であれば、保守の点などリースの方が有利な場合もありますが、最初から高機能の複合機は必要ありません。A3のプリントやカラーコピーなどは、コンビニでも可能だからです（ただ、情報セキュリティには気をつけなければなりません）。もっとも、近くにコンビニがない場合や、頻繁にこれらの機能が必要な場合は、対応した複合機を用意する必要があるでしょう。

　パソコン等のIT機器は、すでに使っている機器を利用すれば良いでしょう。新たに購入する場合は、型落ちの安価なモデルで十分です。アプリケーションも、インターネットのブラウザ、メールソフト、ワープロソフト、表計算ソフトがあれば十分です。ほとんどがMicrosoft社のOfficeを利用していると思いますので（ただ、中には現在でも一太郎を利用している方もいます）、これらのアプリケーシ

ョンを利用する方が無難でしょう。

　什器ではありませんが、書籍を新たに購入する場合もあります。勤務弁護士から独立する場合、所属していた事務所で使っていた書籍を持っていくことはできないでしょうから、新しく購入する必要があるでしょう。ただ、これまで利用していた書籍が自身の所有物である場合などは、独立に際して新たに購入するものはあまり多くないでしょう。

④　消耗品に関する費用

　開業当初に必要な消耗品としては、ペン、封筒、便せん、ファイル、コピー用紙などの文房具が中心です。ある程度の量をまとめて購入することで、コストを抑えた方が良いでしょう。

　封筒などは、事務所の住所や電話番号を不動文字で印刷したものを購入すれば、いちいち住所を書く手間を省くことができます。

　最近は、インターネット上で容易に購入できるので、活用すると良いでしょう。

⑤　その他の費用

　その他の費用としては、ホームページの作成費用などの宣伝広告費、挨拶状作成日および郵送費等があります。ホームページの作成については後述しますが、費用対効果を勘案して金額を決めるべきでしょう。

　IT関係のサービスでは、判例検索サービスを契約する場合があります。弁護士会の図書館のサービス等、他所の判例検索サービスを利用できる環境にある場合を除いては、契約をした方が良いと思います。最初は最低限の判例検索サービスだけで十分ですので、あまり費用をかける必要はないでしょう。

　また、弁護士会を変更する場合などは、別途入会金等が必要になることもあります。

（2）事務所維持のための資金

　弁護士の仕事は原材料というものがないサービス業です。したがって、費用の大部分は固定費になります。そのため、1ヵ月分のランニングコストを算出することは難しいことではありません。

　賃料、水道光熱費、通信費、弁護士会会費、広告宣伝費用や1ヵ月分の消耗品費用等（概算で良いと思います）を合計することで、毎月のランニングコストが算出されます。なお、勤務弁護士や事務職員を採用している場合は、ここに人件費が加算されることになります。

　事務所の経営が軌道に乗れば、毎月の売上からランニングコストを支払うことができますが、独立直後は売上がなく、支払うことができない場合もあります。そのため、独立の際には、一定期間のランニングコストを見積もり、開業資金として用意しておくと安心です。

　では、どの程度の期間のランニングコストが必要でしょうか。これは、独立時にどれだけの顧客がいるか、国選弁護事件などによる収入を見込むことができるのかなど、独立時の状況によって異なります。すでに安定した収入が見込まれるのであれば、ランニングコスト分の貯蓄は1ヵ月分あれば十分ですが、顧客もなく、国選弁護事件もあてにできないゼロからのスタートであれば、最低でも3ヵ月分のランニングコストは用意した方が良いでしょう。独立したから3ヵ月間、経費を賄うだけの売上を上げることができないのであれば、事務所の存続の有無について真剣に考えなければなりません。

独立資金の調達方法

　資金の調達方法には、返済義務のない自己資金と、返済しなければならない借入金があります。法律事務所は株式会社になることができないので、開業に際しては株式を発行して資金を集めることができません。したがって、独立資金を調達するためには、①独立までに稼いで自己資金を用意する、②親族から贈与を受ける、③借入れをする、という3つの方法が考えられると思います。

　多くの方は、①の方法だと思います（独立資金が貯まってから独立するという考えの方も少なくないと思います）が、援助をしてくれる親族がいれば、お言葉に甘えることもあるかと思います。ただし、両親や兄弟、祖父母など親族からの援助に限定した方が良いかと思います。他人からお金をもらって独立するとなると、贈与した方との関係が悪くなった場合にトラブルになりかねません。

　自己資金は用意できないけれど独立しなければならなくなったような場合は、借入を検討することになるでしょう。借入は原則として利息が発生しますが、過疎地で独立する場合など、一定の場合は日本弁護士連合会の支援を受けることができ、その場合には利息なしで借入をすることもできます。条件に当てはまる場合は、積極的に活用した方が良いと思います。

　金融機関による借入の場合は、担保が求められる場合もあります。弁護士共同組合と定型している事業ローンでは、無担保の融資もあるようですので、活用するという選択肢もあるでしょう。

　ただ、借入をすれば返済義務が生じるので、毎月のキャッシュフローに悪影響を及ぼします。また、利息分の経費負担が生じることになります。

　最初から売上が予定されている独立ならともかく、将来どうなるかわからないのが独立というものです。経営上のリスクを最小限にするためにも、できる限り自己資金として用意した方が良いでしょう。

■南埼玉法律事務所　開設費用（概算）

① 不動産賃借に関する費用
　敷金　　　　　　　　　　　30万円
　仲介手数料等　　　　　　　15万円

② 内装に関する費用
　パーテーション費用　　　　40万円（衝立タイプ）

③ 什器および電子機器に関する費用
　机・本棚・執務スペースの椅子　35万円
　複合機　　　　　　　　　　10万円（購入）
　打合せテーブル・椅子　　　15万円
　電話（家庭用）　　　　　　２万円
　書籍　　　　　　　　　　　10万円
　パソコン　　　　　　　　　25万円（弁護士用と事務局用
　　　　　　　　　　　　　　　　　　の２台）

④ 消耗品に関する費用
　ファイル・封筒・スタンプ等　３万円

⑤ その他の費用
　ホームページ制作費用　　　15万円

　　　合　　　計　　　　　　200万円

3 独立した弁護士が抱える不安

　新しく事業を始めるときは、不安と無縁ではいられません。すでに弁護士として数年の経験がある場合でも、お客さまから直接お金をいただく経営者弁護士は、勤務弁護士とは異なるものです。ここでは、独立に際して直面する不安と、それをどう乗り切るかについて述べたいと思います。

（1）売上を上げることができるか

　独立した弁護士が抱える一番の不安は、やはり「お客さまが来るか」、すなわち売上を上げることができるだろうかという点だと思います。法曹三者の中では、弁護士のみが自分自身の力で顧客を獲得し、直接お金を受け取らなければなりません。どうすれば依頼を受け、弁護士報酬を得ることができるだろうかという課題は、弁護士として働く以上、常に向き合わなければならない課題です。

　独立した弁護士と一口にいっても、経験年数、独立時の顧客（以前所属していた事務所で個人事件として受任していた事件）の有無、国選弁護事件をはじめとする裁判所等から配点される事件の有無など、さまざまな状況が考えられます。

①　すでに顧客がいる状態で独立するタイプ

　法律事務所に数年所属していた弁護士が独立する場合、独立時には、事務所の顧客ではなく、「弁護士個人の顧客」がいることもあります。所属していた事務所において、個人事件の受任を許可されていた場合などがこれに該当します。また、弁護士以外の仕事に就いていた時期（例えば、税理士など他の士業として働いていたケース）があり、その時の顧客がそのまま独立後の法律事務所の顧客となるケースもあります

　このタイプは、独立する際において最も理想的な姿です。すでに顧客がいれば、当面の経費と収入について予測が立つので、安心して事務所経営をすることができます。筆者もこのタイプで、勤務弁護士として所属していた事務所で個人事件を受任しており、独立時には十数名の顧客がいました。

　もっとも、いくら顧客がいたとしても、自ら事務所を経営できるだけの売上を上げられるとは限りませんから、独立時の売上の不安というものは払拭できません。環境が変われば、顧客が離れる可能性もありますし、勤務弁護士時代と同じように顧客が来るとも限りません。所属していた事務所が有名だから、依頼が来たという可能性もあり、独立した弁護士の名前で依頼が来たわけではないということも往々にしてあります。

　経営の安定化を図るには、既に受任している顧客に対して、しっかりと仕事をすることが一番の近道です。独立したことで、仕事の質が下がることなどあってはなりません。顧客からの信頼を得ることができれば、今後の仕事にも繋がりますし、顧問契約に至る場合もあります。

　弁護士志望の司法修習生で、将来的に独立を考えている方は、このタイプを目指すべきでしょう。すなわち、個人事件の受任が可能な事

務所に勤務弁護士として所属し、事務所事件以外にも個人事件を受任して自身の顧客を持ち、独立するという方法です。ただし、前提として、事務所事件をきちんとこなすことが必要です。給与を受け取っている勤務弁護士の身でありながら、個人事件にかまけることは許されないと考えるべきでしょう。自由な雰囲気の事務所であれば、特に文句を言わないボス弁もいるでしょうが、事務所事件をきちんとやることは最低限の礼儀です。

② まったく顧客がいない状態で独立するタイプ

①とは真逆のタイプです。弁護士登録と同時に独立する「即独」などがこのタイプに該当します。独立した弁護士に顧客がないことはもちろん、国選弁護事件なども当面は配点されないというタイプを想定しています。

最初に申し上げますと、筆者はこのタイプの独立をおすすめしません。十分な資金があるケースや、弁護士業務以外の収入が確保されているのであれば問題はないと思いますが、そうでなければ高い確率で資金難に陥るからです。

それでも、やむを得ない事情で独立せざるを得ない場合もあるかと思います。その場合は、まず経費を最小限に抑えることです。先ほどは自宅を事務所として登録することは避けるべきと申し上げましたが、売上の見通しがまったくない状況では仕方ないでしょう。そうした上で、売上を立てるべく、他の弁護士と事件を共同受任することで、少しでも収入を得ることです。司法試験の模擬試験の添削などで収入を得るという方法もあるでしょう。そのような方法で事務所を維持し、売上が上がりはじめたら、事務所用不動産を借りるなど事務所の設備を整えてゆく方法をとるべきでしょう。

ここで紹介しているケースの中では、最も独立のハードルが高いタイプです。このタイプで独立するのであれば、既存の法律事務所に所

属する途を選択した上で、国選事件等の配点を受けられる環境になってから独立した方が良いと思います。

③　顧客はいないけど、国選事件等の配点があるタイプ

　所属していた事務所の方針で、勤務弁護士が個人で事件の依頼を受けてはならない場合、顧客がいる状態で独立することは難しいかもしれません。もっとも、国選弁護事件、成年後見、破産管財人など、裁判所、弁護士会および法テラスから配点される事件を受任することができる環境であれば、まったくの無収入にはならないでしょう。東京・大阪などの大都市では難しいかもしれませんが、地方都市では国選弁護の報酬だけでも月に10万円以上の売上を上げることも珍しくはありません。

　このタイプで経営を安定させるためには、独立時における国選弁護事件等による収入を維持しつつ、新規の顧客を開拓し、事件を受任して売上を上げる方法が考えられます。国選弁護事件等の収入しかない独立直後の経営は厳しいと思いますが、それ以外の顧客から依頼を受け、弁護士報酬を得ることができるようになれば、徐々に経営は安定してゆきます。

　前述したように、独立するために望ましいのは、①のタイプですが、③のようなタイプで独立する弁護士もめずらしくはないと思います。だからこそ、国選弁護事件等で事務所を維持できる地方のほうが、独立の難易度は低いのでしょう。繰り返しになりますが、自身の顧客を持たない弁護士が、国選弁護事件等による収入が期待できない環境で独立することは、特段の事情がない限り避けるべきです。

（2）わからない事件に出会ったときにどうするか

　我が国に限りませんが、近年社会の複雑化・高度化が進んでいます。それに伴って多くの法律が頻繁に改正されています。また、ITを始めとする技術革新や、外国人の増加など、これまでになかったトラブルの数も増加しています。そのため、弁護士経験年数が長くなろうとも、未知の事件に出会うことは避けられません。独立した弁護士が、勤務弁護士時代に経験したことのない事件に遭遇することは日常茶飯事ともいえるでしょう。勤務弁護士であれば、所長や先輩弁護士に聞くことができます（聞かれた側も知らないということもありますが）。しかし、1人で独立した場合などは、周囲に聞ける人がいないということもあるでしょう。

　しかしながら、弁護士の知人が1人もいないということはないでしょうから、疑問点について知っていそうな知人の弁護士に聞いてみることです。面識のない弁護士に質問することはハードルが高いですが、知人であれば質問しやすいでしょう。そういう意味でも、弁護士同士のネットワークが必要になります。日本弁護士連合会は若手弁護士サポートセンターを設置しているので、このようなサービスを利用することも有用でしょう。相談された弁護士が疑問点について知らない場合でも、知っていそうな人を教えてもらえることもあります。

　もっとも、聞くだけでは身につかないことも多いので、自分で裁判例や書籍をちゃんと調べることも重要です。そして、事件を解決することができたら、支援してもらった弁護士にはちゃんとお礼を伝えるべきです。

（3）仕事を回してゆくことができるか

　弁護士が取り扱う事件は、一般的に「受任→対応→解決」というサイクルで進みます。タイムチャージを除けば、受任時の着手金と、解決時の報酬金が、当該事件の弁護士費用を構成することになります。したがって、スポットの依頼（顧問契約ではなく単発事件の委任契約）によって売上を上げるためには、「着手金・報酬金の高い事件を受任する」、「一定期間あたりの上記サイクル数を増やす」という2つの要素が重要になります。

　それでも、独立直後の弁護士が、弁護士報酬の高い事件を受任できる可能性は低いでしょう。したがって、独立してから数年間は、多数の「受任→対応→解決」サイクルを完結させることで、売上を増やすしかありません。多くの事件を「回してゆく」ことで、売上を上げることになるでしょう。

　しかしながら、受任した事件には、それぞれ異なった特徴があり、まったく同じ事件というものはこの世に二つとありません。したがって、すべての事件に当てはまる完璧なマニュアルというものは存在しません。

　もっとも、後述するように、受任した事件について、ある程度類型化することは可能です。例えば、離婚・交通事故など、事件の内容で類型化したり、交渉・調停・訴訟など、事件を解決するための手続きによって類型化することもできます。

　そして、仕事を類型化することで、それぞれの仕事においてポイントとなる部分というものがわかります。そのポイントを押さえ、個別の事情を考慮してアレンジすることができれば、効率よく、顧客のニーズに応えることのできる仕事をすることができます。

　本書でも、各種事件における立場（原告・被告）や、事件内容によ

って仕事内容の類型化を試みていますので、参考にしていただければ幸いです。

Column

弁護士会によるサポート

　日本弁護士連合会は、若手弁護士のサポートとしてさまざまな事業を行っています。登録5年目までの弁護士を対象としている事業が多いため、経験年数が長いと利用できなくなってしまいます。

　具体例を上げると、弁護士業務を先輩弁護士に気軽に相談できる「弁護士業務ホットライン」（登録5年目までが対象）、「独立開業支援チューター弁護士制度」（新規登録弁護士が対象）、「独立開業支援メーリングリスト」（登録5年未満が対象）などがあります。いずれも経験のある先輩弁護士から助言を受けることができるというサービスです。

　ほかにも、各弁護士会が実施しているサポート事業があります。こちらは、弁護士会によって内容はさまざまで、手厚いサポートをしている弁護士会もあれば、特に何もしていないという弁護士会もあります。

　私が所属している埼玉弁護士会では、チューター制度運営委員会という委員会があり、新規登録弁護士10名程度に数名のチューター弁護士をつけ、年4回から6回程度の研修をしています。私もチューター弁護士として参加させていただいた経験がありますが、弁護士として生活する上でさまざまなことを教えてもらえるので、とても勉強になります。

　ただ、サポート事業のほとんどは「助言や相談」で、金銭的な援助や仕事の紹介などがされるわけではありません（会費の一部免除という制度はありますが）。独立後の事務所経営を軌道に乗せるには、弁護士自身が努力するしかないのです。

4　独立直後の弁護士が目指すべきところ

　弁護士にとって、誰もが目指す共通のゴールというものはありません。「どんな弁護士になりたいか」の問に対する回答も、弁護士の数だけあるでしょう。弁護士人生の重要な節目となる、独立についても、その背景はさまざまでしょう。不本意な独立もないとは限りません。それでも、独立している以上は、経営を安定させ、それぞれの弁護士が目指すべき場所に向かっていかなければなりません。

　では、「安定した経営」とは、どのような状態をいうのでしょうか。（1）売上（2）規模の両面から検討をしてみたいと思います。

（1）売　上

　安定した経営を果たすための売上額とは、「黒字」であること、すなわち利益が生じている額を意味しています。弁護士法人以外の場合、弁護士はこの利益で生活しなければならないので、生活費を十分に賄えるだけの利益を継続的に生み出している状態が、売上面における「安定した経営」と呼べるでしょう。

　理想は、月単位で十分な利益を確保できることですが、顧問料収入などの固定収入がない場合は、難しいかもしれません。個々の事件の着手金・報酬による売上を中心とする場合、売上額の高い月もあれば、低い月もあります。この点、事件を受任してから終了するまでの期間

は、平均すると1年程度と言われています。そのため、年単位におい
て、十分な利益を確保するという点に、目標を定めると良いのではな
いでしょうか。

　利益は売上から経費を引いた額を意味します。これは、法律事務所
であっても同様です。したがって、利益を増加させるためには、終局
的には、売上を上げるか、経費を下げるかの2つの方法に帰すること
になります。

　売上の増加は、一朝一夕に果たすことができません。さまざまな媒
体に広告を出したとしても、広告を見た方が法律相談に来るまでには
時間がかかりますし、法律相談に来ても依頼をするとは限りません。
依頼に至ったとしても、事件が終了して報酬を受け取るまでにはさら
に時間がかかります。過去存在した過払金請求バブル時代ならいざし
らず、現在において、独立直後の弁護士が、一気に売上を上げる秘訣
はないと思います。それでも、きちんとした仕事をして、顧客を中心
とした事務所を取り巻く人々からの信頼を集めることができれば、
徐々に売上は増加して行きます。事務所経営が安定する売上に至るま
でには、時間がかかることを覚悟することです。

　他方、経費を下げることは、比較的容易だと思います。ただ、経費
の中には、削ることによって売上を下げる恐れがある経費もあります。
例えば、独立直後にもかかわらず広告宣伝費を削減して広告宣伝をし
なければ、依頼を受ける可能性は激減するでしょう。どの経費を削減
するかは、費用対効果に照らしてよく考えなければなりません。

（2）規　模

　経営が安定する状態の事務所規模ですが、これには①設備等の物的
な側面、②事務職員等の人的な側面があります。

　まず物的な側面ですが、自宅とは別に事務所専用の建物を賃借できる状態は必要でしょう。IT機器の発達によって、自宅にいながら弁護士業務をすることは不可能ではなくなりましたが、顧客への信用を得るためには、事務所専用の建物を賃借すべきでしょう。自宅登録ですと、依頼を検討している人から、「金がない＝稼げない」弁護士と捉えられる可能性も否定できません。さらに、自宅を弁護士事務所として登録すれば、自宅住所が日本弁護士連合会のホームページや、各種弁護士ポータルサイトで公開されることになります。紛争の解決を主たる業務としている弁護士は、紛争の当事者との間でトラブルが生じる可能性が高い職業です。事件の相手方が、突如事務所に現れ、弁護士や事務職員に襲いかかる事例も少なくありませんし、現に殺害された弁護士もいます。弊所でも、過去に離婚事件の相手方が突如事務所に現れ、大声で叫んで事務職員に危害を加えようとしたことがありました（筆者は遠方の裁判所に行っており不在だったので、連絡を受けてすぐに警察に通報するよう指示しました）。このような弁護士業務の特性に鑑みれば、自宅事務所として登録することは、家族を危険に巻き込むリスクがあるので、できるだけ早期に事務所用の建物を用意することをおすすめします。

　次に人的な側面について述べます。近年、弁護士向けの電話代行サービスが増え、事務職員がいなくても、電話対応ができるようになりました。そのため、事務職員を採用せず、弁護士だけで運営している法律事務所も珍しくはないと思います。

　しかしながら、筆者は、最低でも1人は事務職員を採用することが望ましいと考えています。経営者として法律事務所の運営を始めると、意外と雑用が多いことに気付かされます。その雑用を事務職員に任せ、経営者・弁護士にしかできない業務に集中すれば、より売上を上げることができるでしょう。また、顧客の信頼という意味でも、事務職員を採用した方が良いと思います。留守番電話だったり、要領を得ない

代行サービスのスタッフだと、相談者からの信頼を得られないことも
あるでしょう。

　確かに、人件費は経費の大部分を占めるので、事務職員を採用すれ
ば経費が増加し、短期的には利益が下がることもあります。しかし、
優秀な事務職員は、事務所の屋台骨となり、顧客からの信頼にもつな
がるので、長期的には利益の増加になるでしょう。

　なお、勤務弁護士を採用するのは、経営が安定した後、独立した弁
護士だけでは対応できないだけの依頼が寄せられるようになってから
でも遅くはないと思います。

　以上のように、安定した経営状態を実現する規模とは、自宅以外の
建物において事務所を構え、弁護士以外に事務職員を採用している状
態であると考えます。まずはこの規模の事務所を目指しましょう。

新しい分野

　法治国家である我が国においては、社会におけるあらゆる活動に法律が絡んできます。したがって、法律家である弁護士は、社会生活におけるすべての事柄に、仕事を見出す余地があることになります。とはいっても、紛争性を持たない事柄について弁護士が介入することは少ないでしょうから、「社会生活上、紛争が生じている、または生じうる事」が、弁護士の仕事になるのだと思います。

　令和の世になり、社会生活の複雑化は一層増してきました。昭和の時代には考えられなかった情報革命や、価値観の多様化が生じ、以前は紛争になるとは考えられなかったような事柄に、弁護士が関与するようになりました。SNS 上の炎上対応、LGBT に関する法律問題などに取り組む弁護士が増えてきたのは、実にここ十数年くらいのことです。

　繰り返しになってしまいますが、弁護士が他の法曹と異なる点は、「自由であること」だと思います。だからこそ、果敢に新しい分野にチャレンジすることができます。誰も手がけなかった分野に切り込み、強みとする……そのような弁護士が増えてくることが、社会全体の成長につながるのではないかと思います。

第2章　依頼を受けるためのノウハウ

【Introduction】

　裁判官、検察官、弁護士を「法曹三者」と呼ぶことがあります。裁判官・検察官の二者は公務員であり、収入の保証がありますが、民間事業者である弁護士には収入の保証はありません。特に独立して事務所を経営する立場になれば、弁護士自身の努力によって依頼を受けなければなりません。

　法曹人口が増加し、広告宣伝の規制も緩和された現在、「黙っていても仕事が来る」と考えている若手弁護士は少ないでしょう。どうすれば依頼を受けることができるのか、独立直後の弁護士にとって、重要なテーマです。

　残念なことに、この問題に対する一義的な回答はありません。弁護士の取扱分野、立地、年齢や個性など、さまざまな要素によって異なるからです。

　広告宣伝の主流がインターネット広告となった現在、検索サイトで「法律相談」「離婚」等を入力すれば、多くの法律事務所のホームページが表示されます。今や、相談者がスマートフォン等の端末から、インターネットを介して法律事務所を見つけ、法律相談に赴くようになりました。そのため、弁護士向けのホームページコンサルティング会社や、ポータルサイト運営会社など、WEB サービスを提供する会社は数多く存在します。

　しかしながら、ホームページを備えていない法律事務所や、備えてはいるものの事務所紹介程度で、インターネット上の宣伝に無関心な

法律事務所も存在します。このような事務所には依頼者が来ないかといえば、決してそうとは限りません（中には開店休業中の法律事務所もあるのでしょうが）。広告に力を入れていないということは、広告をしなくても十分な依頼がある、という場合もあるのです。昔ながらの事務所には、紹介のない依頼を受けない「一見お断り」の事務所もあるようですが、このような事務所は紹介客のみで安定した経営を実現できるのだと思います。

　そこで本書では、一般的な弁護士のマーケティングに言及した後、「紹介客を中心とした事務所経営」を目指すための方法を述べたいと思います。もっとも、独立当初から紹介客から依頼を受けることは難しので、紹介のない顧客からの依頼を受けるためのポイントについても併せて解説します。

1　弁護士が受ける仕事の分類

　「弁護士の仕事」と一口にいっても、さまざまな種類があります。一部の企業法務事務所では、ほとんど裁判所に行くことがない弁護士もいるでしょう。

　しかしながら、弁護士になってから数年で独立し、事務所経営者となる場合、取り扱う事件のほとんどは紛争解決案件でしょう。どんな紛争が多いかは、弁護士の得意不得意に関係してくるとは思いますが、独立当初に携わる可能性の高い事件について分類を試みました。

（1）訴訟・調停および審判

　今も昔も、多くの弁護士にとって中心となる仕事は、裁判所で繰り広げられる事件の代理人です。裁判所に手続きが係属している紛争事件について、いずれかの代理人として活動する仕事です。一番多いのは地方裁判所における訴訟代理人だと思いますが、簡易裁判所、家庭裁判所、高等裁判所、最高裁判所においても代理人として活動することがあります。

　また、離婚事件や相続事件は、家庭裁判所へ調停や審判を申し立てる必要があり、調停手続の代理人として活動することになります。地方裁判所に比べ、家庭裁判所は弁護士を選任しない「本人事件」が多いと言われていますが、インターネットマーケティングの成果なのか、

離婚事件において弁護士を選任するケースが増加しています。調停待合室で当事者とおぼしき人と弁護士が話をしている姿はよく見られる光景です。

　審判事件は調停手続が先行している場合が多いと思いますが、「子の引き渡し事件」など、スピードが極めて重要になる案件では、調停を経ることなく審判を申し立てることになります。また、残業代請求・解雇無効に代表される労働事件では、労働審判の申立ても幅広く行われています。

　いずれの手続きも、裁判所の訴訟指揮の下に進行します。自身の依頼者、相手方（および相手方の弁護士）、裁判官という、事件に関わる三者を意識しながら仕事をすることになります。

（2）保全・執行

　（1）に関連する業務ですが、事件が係属している間に財産の逸失を防ぐための民事保全手続、請求を認容した判決を実現するための民事執行手続があります。

　民事保全における仮の地位を定める仮処分手続は、相手方を呼び出して行う手続きですので、対立当事者が存在します。これ以外の保全手続は、密行性が要求されるので、決定が出るまで相手方に知らされないことが原則です。仮差押や仮処分手続には、裁判所に予納金を納めなければならないケースが多いので、依頼者にはこの点も踏まえて説明しなければなりません。

　強制執行手続においては、執行すべき財産を調査・特定しなければなりません。債務名義を得て強制執行ができるようになったとしても、執行すべき財産が何もなかった、という話は少なくありません。強制執行の段階に至った場合にどうなるか、訴訟進行にあたっては、かか

る点も考慮に入れなければならないでしょう。

（3）裁判外における交渉

（1）にあるような紛争事件も、すべての事件が裁判所に持ち込まれるわけではありません。裁判所に持ち込まれる前に、話し合いで解決するケースも多いので、何でもかんでも訴訟や審判に持ち込むということは考えものです。事案の性質上、速やかに裁判手続にしたほうが良いこともありますが（例えば、消滅時効が迫っているケースなど）、そうでなければ裁判外での解決を検討してみるべきです。

裁判所での手続きは短くとも数ヵ月の時間を必要とします。相手方が請求を争う場合であれば、平均で約1年、長いものだと数年に渡って審理が続きます（ただし、労働審判は比較的短時間で終了します）。例外もありますが、原則として、期日間に1ヵ月から1ヵ月半の時間を空けており、人事異動時期や夏季休廷期間の場合は、さらに期日間の期間が長くなってしまいます。以前より速くなったとはいえ、裁判所での解決は時間を要するのです。

他方、裁判外の交渉であれば、こちらと相手方のペースのみで進み、裁判所の都合を考える必要はありません。そのため、相手方と解決のベクトルが合えば、迅速に解決することが可能です。逆に、相手方と解決のベクトルが合わなければ、交渉を仕切る第三者がいない状態であることから、時間ばかりが過ぎて行くでしょう。

なお、業として他人の法律上の紛争の代理人になることは、弁護士でなければできません。裁判上の手続きであれば裁判所が厳しく取り締まっていますが、裁判外の交渉ですと、弁護士ではない者が書面を作成して提出する場合や、交渉に同席してくることがあります。弁護士である以上、非弁行為を認めることはできませんが、交渉の場に同

席することで紛争の解決に資する場合は、依頼者の承諾を得た上で、弁護士以外の者の同席も認めて良いのではないかと思います（ただし、相手方本人が同席しない場合は止めるべきです。相手方本人なしで交渉をすれば、代理人と称する人物を、権限のある代理人として認めることになり、後々の紛争になりかねません）。

（4）裁判所における紛争性の低い手続き

　裁判所における手続きは、常に紛争性があるわけではありません。対立する当事者がいなくとも、手続きの公正さを担保するために、裁判所での決定等を必要とする場合があります。

　弁護士が関与する事件としては、破産や民事再生等の倒産手続が多いと思いますが、こちらは「（5）債務整理」の項で改めて説明します。

　高齢化に伴い、近年では成年後見申立が増加しています。成年後見申立手続の代理人を弁護士が行うケースも増えてきました。成年後見関連では、申し立てた弁護士を後見人候補者とする場合も多く、これによって後見開始後は、弁護士が後見人としての業務に従事するケースも見られます（ただし、後見人は裁判所が任命するので、候補者とすれば必ず選任されるとは限りません。なお、推定相続人間で後見人候補者の一致がない場合は、第三者を選ぶことが多いでしょう）。

　そのほか、相続放棄申述、子の氏の変更の申立てなどの手続きについても、対立する当事者がいるわけではなく、紛争性は低いでしょう。ただ、これらの手続きはさほど専門的な知識を必要としていないため、弁護士を利用することなく、当事者本人が進めるというケースも珍しくはありません。

（5）債務整理

　過払金請求全盛期に比べれば、債務整理を業務の中心として謳う広告は減ったように思います。しかし、いつの世も多重債務に陥る方はいらっしゃいますし、そのような方の経済的再生を図ることは弁護士にとって大事な仕事ですから、債務整理の仕事そのものがなくなることはないでしょう。

　債務整理には裁判所が関与する手続きと、関与しない手続きに分けることができます。前者は破産と民事再生が代表的な手続きで、後者は私的整理や任意整理と呼ばれます。

　依頼者が事業者であるか、非事業者であるかによって、規模や手続きの煩雑さは変わります。また、任意整理であれば支払いを継続することになりますし、破産であっても裁判所に対して財産関係や支払不能に至った理由について包み隠さず報告をしなければなりません。依頼者の誠実さが業務の進捗に大きく影響するので、依頼者が信頼できるか否かも重要になります。

（6）法律顧問

　顧問弁護士と呼ばれる仕事の場合、顧客のほとんどは事業者でしょう。事業を行っていない方の場合、何度も法律トラブルに遭遇するということは少ないからです。

　顧問弁護士としての仕事は多種多様で、特定することは困難です。顧客の規模や事業内容によって、必要とされるアドバイスも異なります。

　私が顧問契約をいただいている顧客は中小企業が多いため、主たる

顧問業務は契約書の作成やチェック、新事業における法律上リスクに関するアドバイス、株主総会や取締役会のサポートなどです。また、顧客の事業所にお伺いし、社内セミナーを開催させていただくこともあります。

（7）刑事事件

刑事事件において被疑者・被告人の弁護人として活動する業務です。一般の方にとって、弁護士のイメージは刑事事件の弁護人でしょう。依頼者である被疑者・被告人は警察署や拘置所に留置されているケースが多いと思いますが、釈放されている場合もあります（留置されている場合、釈放に向けて行動することが刑事弁護人の仕事でもあります）。

刑事弁護には、「国選弁護」というシステムがあります。これは、資力に乏しい被疑者・被告人のために、彼らに費用を負担させることなく刑事弁護人を選任できる制度です。被疑者・被告人（およびその関係者）から弁護士報酬をいただく私選弁護に比べ、弁護士に対して支払われる報酬が低額であることがほとんどでしょう。しかしながら、報酬の低い国選弁護だからといって、弁護活動で手を抜くことは、弁護士倫理上許されるものではありません。

（8）裁判所から選任される職務

弁護士の仕事の中には、裁判所から選任される公的な仕事もあります。前述の国選弁護も裁判所が選任しています（現在の制度では、日本司法支援センター（法テラス）が報酬を支払っているため、法テラ

スを通じて裁判所が国選弁護人を選任しています。したがって、国選弁護人に選任されるためには、法テラスと契約をしなければなりません）。

　具体的には、破産管財人、民事再生監督人、不在者・相続財産管理人などです。成年後見人も、候補者が不在か、候補者として申し出た者を後見人とすることが不適当な場合は、裁判所が弁護士を後見人に選任することが多いでしょう。

　裁判所が選任する基準は、庁によってさまざまです。弁護士会に照会して適当な人を推薦してもらう場合もあれば、裁判所が直接弁護士に打診する場合もあります。ただ、一定の経験年数が条件になっていたり、過去の実績を見たりする場合もあるようで、誰でも選任しているというわけではないようです。

（9）研修・セミナー、書籍出版など

　無料セミナーは営業活動の一環でしょうが、費用をいただいて開催する研修やセミナーは、売上を上げる業務のひとつです。経験年数が浅い時期は依頼されるケースはあまりありませんが、依頼を受けることができれば、費用をいただいた上で、自身のアピールもできるのですから、積極的に受任することをおすすめします。

　また、弁護士として法律書を執筆することもあります。弁護士会が出版する書籍の場合、作業部会のメンバーであれば比較的経験年数の浅い時期でも、執筆者に名を連ねることができるでしょう。ただ、専門書は発行部数が少ないため、印税による収入はあまり期待できないと考えるべきでしょう。

　なお、最近では電子書籍を出版する方もいらっしゃるようです。私は電子書籍を出版した経験はありませんが、紙の書籍に比べて出版の

ハードルが低いとのことです。

（10）その他

　ここに紹介した以外でも、さまざまな弁護士の仕事があります。裁判官・検察官と異なり、弁護士は自ら仕事を探してゆかなければなりません。弁護士人口が増加し、これまで弁護士が手がけてこなかった新しい分野を手がける若手弁護士も現れるようになりました。

　新しい分野を見つけ、それによって経営をすることには高いハードルがありますが（高収益が期待できる「新しい分野」は、既に弁護士以外の職種によって押さえられていることがほとんどです）、時代の変化が激しい現在、弁護士にとっても新たに開拓すべき分野が現れる可能性も出てくるでしょう。

Column
新しい分野に進出する弁護士

　近年、これまで取り扱っていなかった分野に進出する弁護士が増えてきました。新しい分野といっても、「以前より存在していたが、弁護士が進出してこなかった分野」と「技術革新や社会情勢の変化から、新たに出現した分野」があると思いますが、注目すべきは後者の分野だと思います。

　新しい分野の代表格といえるものが、IT、すなわち情報技術に関する分野でしょう。日進月歩と呼ばれる情報技術に関するニュースは、あらゆる産業において新しい展開を見せています。新しい技術には新しい法的な問題が存在するはずであり、これらについて解決できる弁護士が、社会で必要とされるのは言うまでもありません。しかしながら、情報技術を理解する能力や、過去になかった問題点について分析

する能力がなければ進出することはできず、この分野で活躍すること
は決して容易ではありません。

　社会状況の変化によって現れた新分野には、福祉に関するものが多
いように思います。高齢化の急速な進行は、福祉に携わる方を増やし、
それに比例して法的な問題点も増加しました。

　さらに、最近ではスクールロイヤーと呼ばれる弁護士が注目されて
います。スクールロイヤーとは、学校で生じるさまざまな問題の解決
や予防を目指して、対応する弁護士です。必ずしも学校の代理人とい
う意味ではなく、子ども、保護者、学校という三者に対し同じ距離感
をもって対応することが求められています。

　弁護士の数が少なく、「仕事に困っていなかった時代」には、新し
い分野に挑戦する弁護士は決して多くはありませんでした。比較的若
い弁護士が、新しい分野に挑戦し、弁護士としての可能性を切り拓く
ことは、弁護士全体の将来にとって明るいニュースになると思います。

　経営の面でも、新しい分野の第一人者になることは、他の弁護士と
差別化することができ、とてもメリットになります。後発の弁護士に
模倣されることになるかもしれませんが、先行者利益を確保すること
ができます。

　ただ、新しい分野を開拓しても、すぐに利益になるわけではありま
せん。利益化するまでには長い時間がかかることもあるので、新しい
分野のみを追うことは避けたほうがよいかもしれません。

2 マーケティングの実践

　平成12年に弁護士の宣伝広告が解禁されてから、もうすぐ20年が経過しようとしています。今や、弁護士が宣伝をすることは当たり前になっており、WEB広告を中心したさまざまな広告宣伝ツールが存在しています。WEB広告の活性化に伴い、弁護士向けのマーケティングに関するセミナーも、さまざまな場所で開催されるようになりました。奇しくもこの頃、司法制度改革により司法試験合格者が増加し、弁護士の数も著しく増加したことから、黙っていても仕事が来るような時代に終わりが告げられました。今や、弁護士業界においてもマーケティングが必須であることは、多くの弁護士の共通認識ではないでしょうか。

（1）「マーケティング」とは何か

　さまざまな意味で使われる「マーケティング」という言葉ですが、弁護士の仕事においては、「弁護士によるサービスを必要とする人（潜在的な顧客）に、サービスの情報を届け、その効果を効果的に得られるようにする活動」全般を指します。これを分解すれば、①潜在的な顧客を見つける活動と、②弁護士によるサービスの情報を届ける活動があります。これらの前提として、弁護士が提供できるサービス、すなわち商品を定めなければなりません。どんなサービスを提供でき

るか定まらなければ、必要とする潜在顧客層も、発信する情報も定まらないからです。

　この点、独立した直後の弁護士が、特定の専門分野を持っているケースは少なく、いわゆる一般民事と家事事件を取扱事件としているケースがほとんどでしょう。その場合でも、離婚、交通事故、相続……などと提供するサービスを具体化し、それに基づきマーケティング活動を行うことになります。

（2）マーケティングの実践

　具体的には、どのような活動をすることになるのでしょうか。交通事故による損害賠償請求事件を例に考えてみましょう。

①　潜在的な顧客を見つける活動

　弁護士が提供できるサービスを必要とする顧客を特定する活動になります。ここでは、特定された潜在的顧客を、「ターゲット顧客」と呼ぶこととしましょう。言葉にすれば簡単ですが、自身の提供するサービスが、どんな属性の方に必要とされるのかを判断しなければならず、またさまざまな要因によって変動してゆくため、一義的な定義があるわけではありません。

　まず、交通事故の加害者側をターゲット顧客とするのか、被害者側をターゲット顧客とするのか、双方をターゲット顧客とするのかを検討します。ターゲット顧客を広い範囲で捉えれば、多くの方を対象にできますが、その分訴求力は弱まります。

　我が国では任意の自動車保険の加入率が高いことから、損害保険会社から紹介されるような弁護士でない限り、加害者側の依頼を受けるケースは少ないようです。保険会社との繋がりがない独立直後の弁護

士としては、被害者側をターゲット顧客として特定することが多いでしょう。

　次に、交通事故の被害者となるターゲット顧客が、どのような属性であるかを考えることになります。

　公道に出歩く方であれば、どのような人でも交通事故の被害者になる可能性はあります。しかし、警察庁のデータによれば、車同士の接触による交通事故が、全体の8割以上を占めるとのことです。そうすると、交通事故に遭遇する方の大半は、自動車を運転する人、ということになります。したがって、交通事故事件の被害者側のマーケティングでは、潜在的な顧客を「自動車を運転する人」とし、このような方々に効果的な情報を届けることであることがわかります。

② 弁護士によるサービスの情報を届ける活動

　では、「自動車を運転する人」というターゲット顧客に対し、自身の提供できるサービスに関する情報を提供するには、どうすれば良いでしょうか。

　この点、情報を提供する手段は、インターネットを利用した情報提供と、それ以外の情報提供があります。

　インターネットを利用した情報提供を考える場合、「自動車を運転する人」がよく利用するサイトにリンクや広告を出す、ターゲッティング広告（近年個人情報保護の観点から批判されており、今後どうなるか不透明な点がありますが）を利用する、SEO対策に盛り込むなどの方法が考えられます。他方、インターネット以外による情報提供を考えるのであれば、「自動車を運転する人」が集まる場所に、看板を出す、チラシやリーフレットを置いてもらう、セミナーを実施するなどの方法が考えられます。

　このような方法で、「自動車を運転する人」に、「交通事故に遭ったとき、この弁護士に依頼すれば、効果的なサービスの提供を得ること

ができる」という情報を提供することができるのです。「自動車を運
転する人」の中でも、交通事故に遭わないという方が多いでしょうが、
多くの人に情報が伝達されていれば、交通事故に遭遇する人数も増え、
依頼に至る可能性も高くなるでしょう。

　このように、①潜在的な顧客を見つけ、その顧客に、②弁護士によ
るサービスの情報を届けることで、依頼に至るのです。

（3）紹介のない顧客と紹介のある顧客

　以上のマーケティングは、顧客が直接弁護士に依頼をするためのマ
ーケティングになります。独立当初はこのような方法で、直接潜在的
な顧客からの依頼を待つことになると思いますが、将来的には、紹介
者を介した形の受任を増やしたほうが良いと思います。

　紹介のある顧客と紹介のない顧客のメリット・デメリットは次の通
りです。

①　紹介のある顧客

　ア　メリット

　　・初めから信頼関係があるケースが多い

　　・依頼を前提に来訪していることが多く、受任率が高い

　　・弁護士費用で揉める可能性が少ない

　イ　デメリット

　　・紹介者との関係があるので、依頼を断り辛い

　　・弁護士個人の人柄を信頼して紹介していることが多く、別の弁
　　　護士に事件を担当させることが難しい

② 紹介のない顧客

　ア　メリット
　　・勤務弁護士など、自分以外の弁護士に担当してもらう事が可能
　　・依頼を断ることに対して心理的抵抗が弱い
　イ　デメリット
　　・受任率が低い
　　・いわゆる「筋の悪い事件」の可能性がある
　　・信頼関係を最初から構築しなければならない
　　・弁護士費用で揉めることがある
　　・費用を踏み倒される可能性がある

　顧問契約等の継続的な収入を除けば、法律事務所の売上は、「事件件数×事件の平均単価」によって構成されます。法律相談料の相場は平均して30分あたり5,000円（税別）とされていることからすれば、法律相談件数を増やしても売上に貢献しません。売上を増やすには、事件を受任し、着手金・報酬金等を得なければなりません。受任率が高い紹介事件は、売上に直結する事件となります。

　受任率が高く、費用で揉めるケースの少ない（弁護士が提案する弁護士費用を承諾してもらえる）紹介事件は、デメリットを考慮しても売上に大きく貢献する事件になるでしょう。

（4）目指す位置を考える

　第1章「独立直後の弁護士が目指すべきところ」で述べたように、年単位で生活費を十分に賄えるだけの利益を生じさせることが、売上面における「安定した経営」となります。

　まずは、そのための利益を生じさせるためのマーケティング方法を考えましょう。安定した売上を上げるだけの顧客や、専門的な知識や技術がない限り、ただ待っているだけで売上を上げることは困難です。どうすれば潜在的顧客に知ってもらえるか、どうすれば依頼に繋がるかを考え、マーケティングを実践してゆくことになります。

◯◯◯Column

マーケティングにおける弁護士特有の悩みどころ

　弁護士の仕事は大別すればサービス業になります。サービス業の特徴の一つに、「商品の形がない」という点が挙げられます。製造業や小売業であれば、有形物が存在し、その物の効用を説明することができますが、サービス業は提供する側が商品を定義し、それを潜在的顧客に伝えなければならないのです。

　特に弁護士の仕事は、顧客の抱く悩みを解決することを目的としているので、提供する仕事の内容を明確に定義し難いという性質があります。すなわち、弁護士が「貸金返還請求訴訟」とか「離婚調停」とか定義して提案するものではなく、顧客の「配偶者との関係で悩んでいるのだけど、どうすればよいか」という悩みを解決することが、弁護士の仕事であるということです。特定の手続きを希望して依頼する顧客も少なくはありませんが、法律相談にいらっしゃる方の多くは、ある程度漠然とした悩みを持っています。特に、法律事務所のホームページが掲げるような分野（交通事故、離婚、相続など）に当てはまらないような悩みを持っている方にとっては、顕著でしょう。

　弁護士事務所の門を叩く顧客は、法律上の問題点を聞きたいのではなく、自身の悩みを解決したいのです。その悩みは、弁護士が直接話しを聞いて初めて判明する、ということも少なくはありません。このような弁護士業務の特徴から、顧客に提案できる商品を定義することが難しく、マーケティングには不向きという側面があります。

　待っていても仕事が来る時代は遠い昔となった昨今、マーケティン

グを無視することはできません。しかしながら、弁護士業務における
マーケティングは、決して伝家の宝刀などではないことも事実です。
最近は「弁護士のマーケティング」の言葉が幅を利かせていますが、
マーケティングを学んだだけで仕事が増えるわけではないことも、気
に留めておいた方が良いでしょう。

3　紹介される弁護士になるには

　前項では、受任率が高く、費用面で揉めることの少ない紹介事件を増やすことが、売上に大きく貢献すると述べました。そこで、ここでは、どのように顧客を紹介してもらえる弁護士になるか、という点について述べようと思います。

　その前に、紹介に関する規制を確認してみたいと思います。

　弁護士職務基本規定第13条１項は、「弁護士は、依頼者の紹介を受けたことに対する謝礼その他の対価を支払ってはならない」と定めます。この条項から、紹介を受ける場合には、紹介者が無償で顧客を紹介しなければならないことになります。

　司法修習時代や弁護士登録直後の研修で何度も言われるので、弁護士にとってみると違和感はありませんが、通常の取引では紹介料を支払うことは決して珍しくありません。多くの人材紹介ビジネスが存在することも、その証左でしょう。

　したがって、弁護士に仕事を紹介する方の中には、紹介の対価を得られると考えている人も少なからずいます。誤解を持ったまま紹介された方の依頼を受けることがないよう、「弁護士のルールとして紹介料を支払うことはできない」ということを、紹介者にはしっかりとお話すべきでしょう。

　そうすると、弁護士に依頼者を紹介してくれる方とは、「対価なしで依頼者を紹介する人」を意味します。では、そのような方から依頼者を紹介いただけるには、どのようにすれば良いのでしょうか。

（1）人と会う

　当たり前ですが、紹介していただける方（「潜在的紹介者」とします）と出会えなければ、紹介者は増えません。したがって、できるだけ多くの潜在的紹介者と出会うことが必要でしょう。

　では、潜在的紹介者に出会うにはどうすれば良いのでしょうか。ここでも、前述したマーケティングの考え方を応用することができます。すなわち、弁護士が提供できるサービスを定めた上で、そのようなサービスを必要とする人と付き合いの多い方と出会える機会を増やすべきです。前述の交通事故事件であれば、「自動車を運転する人」との交流が多い方、例えば損害保険の代理店、自動車工場の経営者、ガソリンスタンドの経営者等が該当するでしょう。相続事件であれば、税理士が該当するかもしれませんし、企業法務であれば、経営者と接している方と出会わければならないでしょう。

　そのような潜在的紹介者と出会うためには、どのような場所に行けば良いのでしょうか。社会にはさまざまな団体がありますし、団体との相性もありますから、一概には言えません。職業別の業界団体というものが存在することが多く（弁護士でいうところの弁護士会のようなもの）、そこで知り合うこともできると思います。また、税理士会や社会保険労務士会などの士業団体に参加する方法もあると思います。ただし、業界団体の場合は誰でも参加できるわけではないので、注意が必要です。

　経営者の集まりであれば、ロータリークラブや青年会議所、商工会議所や商工会があります。入会条件が存在する団体もありますが、弁護士であれば参加するハードルは高くはないでしょう。弁護士の大増員が叫ばれているものの、地方都市では未だ弁護士は珍しい職業なのです。

　なお、さまざまなところで「異業種交流会」が開催されていますが、筆者は、一回だけの異業種交流会に参加しても紹介者や依頼者は増えないと考えています。名刺を交換しただけの弁護士に仕事を紹介したり、依頼をしたりする方は多くありません。継続的に交流をしている間柄だからこそ、信頼を得て、紹介につながってゆくのでしょう。

（2）存在を知ってもらう

　さまざまな場所に顔を出したとしても、覚えてもらえなければ、紹介されたり依頼されたりすることはできません。したがって、弁護士としてどのような仕事をしているのか、どのような人柄なのかを、多くの人に知ってもらえなければなりません。

　そのための工夫として、特徴のある名刺を渡す、Facebook に代表される SNS で繋がりを作る、などのさまざまな方法があります。どの方法が適切かということは一概には言えませんので、自身が得意な方法で良いでしょう。もちろん、品位を害する方法や広告規制を逸脱する方法であってはなりません。

　弁護士の少ない地域や団体であれば、弁護士というだけで覚えていただける可能性が高いでしょう。他方、弁護士の多い都市圏になると、「○○に携わっている□□先生」という取扱分野がなければ印象に残りづらいと思います。そのためには、提供できるサービスをより具体化し、訴求力を上げていった方が良いと思います。アピールする分野の対象範囲が広ければ、それだけ訴求力も弱くなってしまいます。

令和〇年〇月〇〇日

〒〇〇〇－〇〇〇〇
〇〇県〇〇市〇〇
株式会社　〇〇　〇〇
代表取締役　〇〇　〇〇　さま

〒333－0811
埼玉県川口市戸塚2－21－31
ベルエリゼ201号室
南　埼　玉　法　律　事　務　所
弁　護　士　　高　倉　光　俊
ＴＥＬ：048－452－8470
ＦＡＸ：048－452－8944

拝　啓
　向暑の候、貴社におかれましては益々ご清祥のこととお慶び申し上げます。
　先日の〇〇で名刺交換させていただきました、南埼玉法律事務所の弁護士高倉と申します。

　当事務所は、地域の中小企業の皆様の力になれるよう、債権回収・労働問題・契約書のレビュー等を中心にした業務を行っております。また、来る高齢化社会に向けて、後見・財産管理を中心とした高齢者向けサービスや、相続、交通事故など個人の方向けの業務も行っております。
　事務所のパンフレットを同封させていただきますので、ご活用いただければ幸いでございます。

　今後とも末永くお付き合いをさせていただきますよう、お願いいたします。

敬具

■紹介いただいた方への挨拶状（例）

令和○年○月○○日

〒○○○－○○○○
○○県○○市○○
株式会社○○
代表取締役　○○　○○　さま

〒333－0811
埼玉県川口市戸塚2－21－31
ベルエリゼ201号室
南 埼 玉 法 律 事 務 所
弁 護 士　　高 倉 光 俊
ＴＥＬ：048－452－8470
ＦＡＸ：048－452－8944

拝　啓

　向暑の候、貴社におかれましては益々ご清祥のこととお慶び申し上げます。

　私は、○○様よりご紹介いただきました、南埼玉法律事務所の高倉と申します。

　本日は、お忙しい中お時間をいただき、ありがとうございました。

　弊所は平成23年から川口市に事務所を構え、地域の皆様に法律的サービスを提供させていただいております。交通事故や顧客トラブルなど、弁護士が必要なことがございましたら、お気軽に声をお掛けいただければと思います。

　この度、事務所のパンフレットを同封させていただきました。もしご迷惑でなければ、ご活用いただければと思います。

　今後とも末永くお付き合いをさせていただきますよう、お願いいたします。

敬具

（3）信頼される人になる

　商品が存在する製造業や小売業とは異なり、サービス業には形があ
りません。同種類の事件という分類はありますが、まったく同一の事
件というものは存在せず、弁護士の提供するサービスにも、同一のも
のは存在しません。実際にサービスを受けてみなければ、その内容は
大まかでしか把握できない、という性質があるのです。

　そうすると、弁護士を探している潜在的依頼者からすると、「この
弁護士は信頼できるか」という点が重要になってきます。特に、会社
経営者が、自社の顧問弁護士を任せるに際して、信頼のない弁護士に
任せるというケースはほとんどありません。

　だからこそ、弁護士にとって、信頼されるということは、他の職種
に比べても、非常に重要になります。ブランドが確立された一部の事
務所でない限り、依頼者が事務所名で弁護士を選ぶことはなく、その
弁護士名で依頼をすることが多いのです。したがって、自身の潜在的
依頼者から、信頼されるようになることが、紹介を受けるための第一
歩です。もちろん、信頼をいただくためには一朝一夕にはいきません
が、そのために日々努力を重ねていかなければなりません。

（4）売り込まない

　潜在的顧客層をどう設定するかによって異なりますが、一般的に人
間はセールスをされることを嫌う傾向にあります。特に会社経営者な
ど裕福層の方は、毎日のように営業トークに晒されるので、うんざり
しているという方も少なくありません。

　逆に、弁護士が自身をアピールしていかなければ、紹介されること

もありませんし、依頼が来ることもありません。そのため、「売り込まないよう自身をアピールする」という難しい線引を求められることになります。

　ひとつ例を挙げるとすれば、自分からアピールするのではなく、潜在的依頼者となる方の話をよく聞くことでしょう。以前に比べて弁護士数が増加したとはいえ、それでも一般の方が弁護士と接する機会はあまりありません。弁護士というだけでも、話をしてもらえる機会が十分にあります。その上で、自身がどのような弁護士で、どのようなことができるかをアピールすれば良いでしょう。そのような地道な活動を繰り返すことで、名前を覚えていただくことができるのではないでしょうか。

　なお、参加する団体が、いわゆる異業種交流会のような営業を目的とした場であれば、売り込むことも OK だと思います（一回きりの異業種交流会に効果が薄いことは前述の通りですが……）。

（5）ハブとなる人物からの紹介

　車輪の中心部を指す「ハブ」という言葉は、転じて中心・中核という意味を持ちます。多くの人と関わりがあり、集団の中心となっている「ハブとなる人物」との繋がりが深くなれば、多くの事件を紹介いただくこともあります。したがって、そのような人物との信頼関係を築くことは、紹介をいただくために重要になるでしょう。

　もっとも、「ハブとなる人物」を見極めることは簡単ではありません。「たくさん仕事を紹介する」とアピールする方がいますが、そのような方の中には非弁提携を持ちかけたり、単に弁護士を違法な方法によって使おうとしたりしていることもあります。非弁提携については後述しますが、紹介者が信頼できるかという点も重要になってきま

す。

（6）紹介できる弁護士になる

　紹介を中心とするマーケティングが有利であることは、何も弁護士だけではありません。士業を中心とするサービス業や、商品単価の高いＢ to Ｂビジネス（事業者間取引）においては、今でも紹介を中心としているケースが少なくありません。そのため、弁護士がそのような方を紹介することで、紹介した方や、紹介を受けた方からの信頼を得ることができます（変な方を紹介してしまうと、信頼を失いかねませんので、誰を紹介するかは重要です）。独立当初から紹介できる方がたくさんいることはないと思いますが、何年も法律事務所を経営していれば、さまざまな業種の方と知り合うことになると思います。お客さまのみならず、そのような方々との繋がりを持ち、紹介しあえる関係になれば、仕事に困ることはなくなるでしょう。

Column

紹介に関する規制

　弁護士職務基本規定は、弁護士が依頼者の紹介を受けたことに対して対価を支払うことを明確に禁止しています。さまざまな分野において「マッチングビジネス」とよばれる紹介サービスがありますが、弁護士のマッチングビジネスが存在しない理由はこの規制があるためです。弁護士にとっては当然に感じる規制も、他の職業の方には違和感を感じることも多いようです。

　そのほか、非弁行為を行う者から仕事の斡旋を受けることも禁止されています。いわゆる「非弁提携」の禁止というものです。

　かかる規制がある以上、弁護士に顧客を紹介した人にとっては、金銭的なメリットがないということになります。そうすると、紹介される弁護士になるということは、紹介してくれる人が、その弁護士を紹介することで、金銭以上のメリットがあると思っていただけなければならないのです。

　手元のスマートフォンですぐに弁護士を検索できる現在、紹介がなくても弁護士を探すことは簡単です。金銭的なメリットがない以上、「この弁護士を紹介すれば、自分も紹介した人から感謝される」と思われる弁護士でなければ、わざわざ紹介しようとは思わないのではないでしょうか。

4　誰からの紹介か

　では、具体的にどのような方から紹介を受けることができるのでしょうか。代表的なケースについて、まとめてみようと思います。

（1）顧客からの紹介

　お客さまに喜ばれる仕事をしていれば、弁護士としてのあなたの力量を一番評価している方はお客さまだと思います。顧問先のみならず、過去依頼を受けたお客さまでも、他に弁護士を必要としている方がいれば、まずあなたを紹介するでしょう。実際、弊所においても、お客さまから別のお客さまをご紹介いただくというケースは少なくありません。

　お客さまからご紹介をいただくためには、お客さまに満足度の高いサービスを提供すること、すなわち、きちんとしたお仕事をすることです。契約いただいている以上当然のことですが、いただいている費用以上のサービスを提供することで、高い信頼を得ることに繋がります。

　逆に、信頼を失うような仕事をすれば、そのお客さまが依頼者を紹介することはないでしょう。

（2）他士業からの紹介

　弁護士にはさまざまな仕事がありますが、その多くは紛争の解決か予防に関連したものです。そのため、弁護士以外で紛争予防に携わる社会保険労務士や、税理士など他士業の方も、弁護士に仕事を紹介する高い可能性があります。

　例えば、社会保険労務士であれば残業代請求事件、解雇無効事件などの労働事件、税理士であれば相続事件、行政書士や司法書士であれば成年後見申立事件など、弁護士以外の士業が関わる案件には、弁護士でなければ代理人として活動できないケースが多く含まれています。

　ただ、税理士会や社労士会等の所属団体が、弁護士会との交流事業を行っていることも多いため、すでに多くの弁護士を知っているという他士業の方も珍しくはありません。この場合、紹介案件についても複数の弁護士から最も良いと考える弁護士を選ぶことになるので、常に紹介を受けることができるとはいかないでしょう。その他、弁護士を含めた複数の士業によって事務所を構成しているケースもあり、この場合には、事務所外の弁護士を紹介する可能性は低いでしょう。

（3）参加している団体からの紹介

　弁護士会以外の団体に所属している場合、その所属団体のメンバーから紹介を受けるということがあります。高校などの同窓会、大学の同窓会、商工会議所、青年会議所、ロータリークラブなど、さまざまな団体があり、その中には弁護士が参加できる団体も少なくありません。

　所属団体が事業を行っている場合、参加している弁護士もその事業

に向けて継続的に活動することになります。参加している弁護士も、他のメンバーと一緒に活動することになるので、その人間性や仕事ぶりが他のメンバーにも見られることになります。そうすると、所属団体の活動を通して、信頼をいただくことになり、事件を紹介していただける可能性が高くなります。もっとも、信頼を損なう振る舞いをすれば、紹介される可能性は低くなるでしょう。

　大都市以外の地域ですと、弁護士はまだ珍しい存在ですので、重宝されることがあります。したがって、このような団体に参加することは、紹介を受けるためには有効でしょう。

　ただ、活動が活発であればあるほど、時間を取られてしまうので、本業がおろそかになる可能性も否定できません。このような団体には、団体内での営業活動を禁止する場合もあるので、即効性があるわけでもありません。その点は注意していかなければならないでしょう。

（4）弁護士からの紹介

　以前に比べれば少なくなったようですが、弁護士が弁護士を紹介することは現在でも行われています。もっとも、自分で遂行できる業務を他人に紹介することは少ないので、弁護士が仕事を紹介するケースとは、①専門的な内容であるため、自身では遂行できない業務、②依頼者や管轄裁判所が遠方であるため、その地域の弁護士に紹介するケース、③業務量が多く自身で遂行する余裕がないため、他の弁護士に紹介するケースがあります。紹介する弁護士も、信頼していない弁護士や、まったく知らない弁護士に紹介することはないでしょうから、自然と修習同期や弁護士会で一緒に会務をしている弁護士などに紹介するケースが多くなります。また、医療訴訟や特許訴訟など、専門性が求められる案件については、紹介を受ける可能性が高くなります。

他方、多くの弁護士が取り扱っている離婚や債務整理などは、紹介を受ける可能性は低くなるでしょう。

　弁護士からの紹介を受ける近道は、委員会の会務や弁護団活動などに参加し、同業者である弁護士からも信頼されるようになることだと思います。

　なお、中には「自分は受けたくないけど相談者が弁護士を紹介して欲しいと言われたから紹介した」という案件もあります。そのような事件を受任することについては、慎重であるべきでしょう。その弁護士が受けなかった理由をよく聞くべきです。同様に、すでに別の弁護士に依頼していたにもかかわらず、その弁護士が辞任した事件についても、辞任した事情をよく聞き、受任の可否を慎重に検討しなければなりません。

（5）そのほかの紹介

　上記以外でも、友人、親戚、行きつけの居酒屋、美容院など、社会生活を営む上で知り合う人からは紹介を受ける可能性があります。筆者自身も、中学時代の同級生や、父親の会社の同僚から依頼を受けたこともあります。

　また、近年はSNSが活発になり、SNS上の知人から紹介される可能性もあります。しかし、ネット上の関係は、直接顔をあわせるわけではないので、リアルの関係に比べて信頼関係が生じにくい傾向があります。Facebook上の友達数が多ければ、紹介が増えるわけではないことは留意する必要があるでしょう。

弁護士を取り巻く人間関係

　弁護士を取り巻く人間関係は、私的な関係を除けば、所属する法律事務所を中心に構成されるように思います。内部的には、事務所に所属する弁護士や事務員等のスタッフとの人間関係があるでしょうし、外部的には顧客やそれに関係する人々との人間関係があります。

　ただ、事務所内の人間関係と顧客との人間関係だけでは、狭い人間関係になりがちになってしまいます。特に独立し、法律事務所の長となっている弁護士にとっては、孤独を感じることも少なくないと思います。

　だからこそ、私はなんらかの団体に所属し、その中で活動することをおすすめしています。大事なのは所属することではなく、活動をすることです。たくさんの団体に所属し、その旨をホームページに記載するだけではあまり意味はありません。団体の活動を通して人間関係をつくり、その中で成長することが大事だからです。前述したような経済団体でも、スポーツ、武道、芸術等の趣味の団体でも、自身の好きな活動であれば、どれでも良いと思います。ただ、集客を目的としているだけの団体は避けた方が良いでしょう。

　ところで、弁護士会は強制加入団体ですので、弁護士として働く以上、弁護士会に所属しなければなりません。もっとも、多くの弁護士会は、倫理研修など、参加が義務付けられている研修を除けば、会の活動の参加はそれぞれの弁護士に委ねられていることが多いようです。以前は弁護士会における人間関係が強固だったのですが、近年は弁護士会の活動に参加しない弁護士が増え、中には所属している弁護士会の会長が誰かわからないという弁護士もいるようです。昔のように「最低でもひとつは委員会に所属する」「ボスの所属している派閥に自動的に入る」という考え方が馴染まなくなっているのかもしれません。

5　紹介のない顧客から依頼を受けるためには

　依頼者を紹介していただけるようになるためには、時間がかかります。そのため、独立当初は、紹介のない顧客から依頼を受け、売上を上げてゆかなければなりません。

　また、紹介のない顧客からの依頼を中心に経営してゆく方向であれば、そのような顧客にどう事務所をアピールしてゆくかは、重要な課題です。そこで、本節では、紹介のない潜在的依頼者に対するマーケティングについて説明をしようと思います。

　なお、弁護士の広告については、現在においてもさまざまな規制がございます。こちらについては、次節にて解説します。

■南埼玉法律事務所　バナー広告

弁護士をもっと身近に
南埼玉法律事務所
Minami Saitama Lawoffice

（1）Web マーケティング

　弁護士広告の主流がインターネット広告になってから、早十数年が経ちました。すでに多くの法律事務所が自所のホームページを備えており、ホームページを持たない事務所は、紹介案件だけで事務所経営をしているような事務所だけでしょう。

　そのため、ホームページを備えているだけでは、Web マーケティングにおける優位性を持つことはできません。では、どのような点に気をつければ有効な Web マーケティングを展開できるのでしょうか。

①　SEO 対策

　SEO（Search Engine Optimization）対策とは、Google 等の検索サイトで上位に表示されるための対策です。インターネット広告において極めて重要とされる事柄ですので、すでにご存知という方も多いでしょう。

　もっとも、検索エンジン（検索サイトにおいて表示する順位を決めるシステム）が、順位を決めるに際して重視している事柄は、常に変動しています（ちなみに、検索エンジンごとに異なるようですが、我が国では幅広く利用されている Google の検索エンジンについて対策を試みれば十分でしょう）。そのため、専門的な知識がなければ SEO 対策を行うことは難しく、専門家に頼らなければならないでしょう。

　もっとも、SEO 対策を謳うインターネット広告業者は多数あり、中には詐欺まがいの業者もあります。そのため、依頼する上では、費用面だけでなく、実績なども確認し、信頼できる業者か否かを判断する必要があります。

② コンテンツ

　検索サイトの上位に表示され、ホームページを閲覧してもらえても、まったく依頼に繋がらないようでは意味がありません。インターネット広告を介して依頼を受ける場合、まずは法律相談を受けることが多いでしょうから、ホームページを見た潜在的依頼者が、その法律事務所で法律相談を受けたいと思うようなホームページでなければなりません。

　そのためには、ホームページの内容も重要です。どのような内容が良いかは、その法律事務所が得意としている分野や、潜在的依頼者によって異なるので、一概には言えませんが、閲覧した潜在的依頼者が、「この法律事務所の弁護士に自分の悩みを聞いて欲しい」と思うような内容である必要があるでしょう。

　よく掲載されることがあるコンテンツとしては、「解決事例」があります。その事務所で取り扱った事件を匿名にして表示するもので、実績として表示することで説得力が増し、具体的な流れがわかりやすいことから、広告効果の高いコンテンツです。しかし、かかる事例を表示することが守秘義務や関係者の利益を損ねることや、虚偽広告（事案をアレンジすると、架空の事例になることもあります）に繋がることもあるので、解決事例を掲載する際には慎重に進めなければならないでしょう。また、解決事例と似た事案であっても、1つの事実が異なるだけで見通しが大幅に変わることは珍しくありません。相談者を誤導することがないよう、注意する必要があります。

③ ポータルサイト

　ポータルサイトとは、インターネット上にあるさまざまなページの玄関となる Web サイトを意味します。弁護士のポータルサイトもさまざまなサイトがありますが、最も有名なのは「弁護士ドットコム」

でしょう（同社のホームページには、月間サイト訪問者数1,500万人とあります）。

ポータルサイトのメリットは、ポータルサイト運営者がSEO対策を行っており、同サイトが検索上位に表示される可能性が高いことでしょう。そのため、弁護士を探している者からすれば、まずはポータルサイトを閲覧し、その中で弁護士を探すということも少なくありません。そのポータルサイト内で上位に表示されたり、自身の得意分野をアピールしたりすることができれば、法律相談に繋がる可能性が高くなるでしょう。

ただ、ポータルサイトに登録している弁護士が多ければ多いほど、ポータルサイト内で目立つには高額な費用を要することがあります。逆に、登録している弁護士が少なければ、そのポータルサイトそのものの魅力が低くなってしまうでしょう。

それでも、一からホームページを立ち上げ、SEO対策を講じて集客をするよりも、費用を安く抑えられることが多いので、独立間もない弁護士にとっては、ポータルサイトの活用を視野に入れることは有用かと思います。

（2） タウンページ・タウン誌・郵便局広告・駅看板など

① タウンページ

高齢者など、インターネットを利用しない潜在的顧客層には、タウンページを利用していることがあり、そういう方にとってはタウンページ広告も有効かもしれません。しかしながら、現在においては、60代でも7割近くの方がインターネットを利用しており、インターネットを利用していない者はごく僅かになりました。

また、タウンページ広告は費用もかかるので、費用対効果に鑑みても、おすすめできる広告ではありません。

②　タウン誌

その地域の根ざした情報を掲載する雑誌で、ほとんどは無料で配布されています。タウンページと比較すると広告費用は低いので、地域密着型事務所においては、事務所の知名度を上げるためには有用になることもあります。

しかしながら、前述のようにほとんどの情報をインターネットで収集する現在において、タウン誌を見て弁護士を探す方は多くないので、直接の依頼には結びつき辛いでしょう。ちなみに筆者もタウン誌に広告を載せたことがありましたが、「タウン誌を見て相談に来た」という方は年間数件程度でした。

ただ、インターネット上にページを持つタウン広告の場合は、そのページの閲覧数が多いのであれば、有効性を否定できないと考えます。

③　郵便局広告

郵便局のサービスとして、使用している封筒に広告を出したり、パンフレット等を置くスペースを貸してもらったり、ポスターを出したりすることができます（もちろん有料です）。現在でも郵便局を利用する方は多いので、地域密着型の事務所にとっては、最寄りの郵便局に広告を出すことで相談に繋がる可能性があるでしょう。特に法律事務所が少ない地域によっては、「地域の法律事務所」として、多くの方に知ってもらう良い方法だと思います。

ただ、郵便局を頻繁に利用する層は個人の方が多いので、企業法務を中心とする場合、あまり効果は期待できないかもしれません。

④　駅看板など

　人の多く集まる場所に看板を出すことで、知名度を上げることができます。すぐに相談に結びつかなくとも、トラブルに遭遇した際、「看板に出ていた法律事務所に相談に行ってみよう」と考えることは少なくありません。

　看板に掲載できる情報量は少ないので、ホームページの閲覧に繋げる仕組みを作るなどの対策が必要でしょう。また、潜在的依頼者の目に留まる場所でなければ効果が薄いので、看板のある場所についてもよく検討しなければなりません。

（3）FAX、ダイレクトメール、折込広告など

　過払金返還請求全盛期の時代には、これらの広告もめずらしくありませんでした。しかし、現在においては、効果においても費用面においても、おすすめできるものではありません。

　また、一方的に送りつけられる広告に不快感を持つ方は少なくありません。日本弁護士連合会が定めた「業務広告に関する指針」においても、ファクシミリ通信等による広告について、「一方的に面識のない者に送信等されるものであることに鑑み、国民に対し、奇異な感情又は不快感を抱かせないよう格別に配慮することが望ましい」と記載されています。

　いずれにせよ、これらの広告が有効となる特段の事情がない限り、利用することは避けるべきと考えます。

Column

最近の法律事務所ホームページ

　法律事務所のホームページ所持率は、年々増加しています。正確な統計があるわけではありませんが、登録5年以内の弁護士が独立した場合、8割以上の弁護士がホームページを開設しているようです。若手弁護士にとっては、ホームページを所持していることが当然の前提になっているようです。

　ホームページの開設は、広告が主たる目的ですから、潜在的顧客に読んでもらえなければ意味がありません。読んでもらうためには、検索サイトで上位に表示されなければなりません。いわゆるSEO対策の重要性が唱えられる所以でもあります。

　近年増えているホームページには、法律事務所を紹介するホームページ以外に、特定の法律問題について掲載している「特化型ページ」というものがあります。例えば離婚、債務整理、交通事故等の特定の分野のみについて法律や判例を説明し、解決事例を紹介するページです。

　お客さまの悩みを解決する、という視点に照らせば、このような分野を特定したホームページは有効な広告たりえるでしょう。しかし、次章で述べるように、特化型のホームページは業務広告規制に違反するリスクもあるので、表現や文言には注意をする必要があります。また、特化型のホームページを開設する法律事務所が増加すれば、広告効果は弱くなってしまいます。

　Web広告のトレンドは日々変わっているようですので、Web広告を中心としている法律事務所にとっては、常に最新の情報を得てゆく必要がありそうです。

6　業務広告規制に注意

　若い弁護士にとっては意外かもしれませんが、約20年前まで、弁護士が広告宣伝をすることは原則として禁止されていました。現在、多くの弁護士がなんらかの方法で宣伝広告をしていますが、いかなる広告であっても許されるというわけではなく、依然として業務広告に関する規制が存在します。

（1）弁護士広告の規制とは

　日弁連が定めている「弁護士等の業務広告に関する規程」は、弁護士倫理研修等によってすでにご存知の方も多いと思います。ただ、内容が若干抽象的ですので（理事会が定めた「業務広告に関する指針（以下、「指針」とします）」には解釈の指針が記載されていますが、これをすべて読み込んでいる弁護士は少ないと思います）、独立した弁護士が業務広告において注意すべき点を簡単に触れてみたいと思います。

（2）違反が疑われる広告

　弁護士の業務広告規制には、「表示しなければならない広告」と、

「表示してはならない広告」があります。

①　表示しなければならない広告

「表示しなければならない広告」には、氏名と所属弁護士会があります（弁護士法人の場合、名称、主たる法律事務所の名称または広告に従たる法律事務所の名称を表示しなければなりません）。広告の作成を業者に依頼する場合、所属弁護士会の表示義務を業者が認識していない場合がありますので、ご注意ください。

②　表示してはならない広告

「弁護士等の業務広告に関する規程」第3条は、禁止される広告として、次の7項目を挙げます。

一　事実に合致していない広告

二　誤導又は誤認のおそれのある広告

三　誇大又は過度な不安をあおる広告

四　困惑させ、又は過度な不安をあおる広告

五　特定の弁護士、弁護士法人、外国法事務弁護士若しくは外国法事務弁護士法人又はこれらの事務所と比較した広告

六　法令又は本会若しくは所属弁護士会の会則若しくは会規に違反する広告

七　弁護士等の品位又は信用を損なうおそれのある広告

また、同4条は、表示してはならない事項として、

一　訴訟の勝訴率

二　顧問先又は依頼者（書面による同意がある場合を除く）

三　受任中の事件（依頼者の書面による同意がある場合、又は依頼者が特定されずかつ依頼者の利益を損なうおそれがない場合を除く）

四　過去取り扱い、又は関与した事件（依頼者の書面による同意が

ある場合、広く一般に知られている事件又は依頼者が特定されず
かつ依頼者の利益を損なうおそれがない場合を除く）

　このうち、同4条に定める項目については内容が明確なので、同条
に違反する広告はあまり見かけないと思います。違反が問題となるの
は、同3条が禁止している広告に該当するかという点です。そこで、
同条の掲げる項目について触れてみたいと思います。

ア　「事実に合致していない広告」

　経歴や身分を偽るなど、虚偽を表示することです。ここには、実
在しない人物の推薦文なども含まれます。近年、広告主体があたか
も一般人であるかのようにして、商品ないしサービスを称賛する、
ステルスマーケティング（「ステマ」と呼ばれることもあります）
が話題になりますが、弁護士自身がステルスマーケティングを実行
することは、同項に違反するおそれが生じます。口コミが威力を発
揮する弁護士広告において、ステルスマーケティングは魅力的に映
りますが、手を染めてはなりません。また、存在しない団体を表示
することも同項に違反することになります。

イ　「誤導又は誤認のおそれのある広告」

　この広告は、実際に問題になることが多いでしょう。なぜなら、
広告には「大げさな表現」が少なからず入ってしまうので、誤認さ
れるおそれが生じやすいのです。そのため、このような広告になら
ないよう、意識を向けなければなりません。

　指針には、具体例として、「交通事故の損害賠償事件の件数を損
害賠償事件取扱件数に含めて延べ件数を表示し、あたかも損害賠償
事件全般について習熟しているかのような印象を与える表現」「他
の事件を例として掲げ、その例と同じような結果をもたらすと思わ
せるような表現」「弁護士報酬についての曖昧かつ不正確な表現」
を挙げています。このように、明らかに誤導するような広告を出す
ことは少ないと思いますが、解決事例をホームページに掲げること

によって、その例と同じような結果をもたらすと誤認されるような
ケースもないとは言えません。

ウ　「誇大又は過度な期待を抱かせる広告」

　指針には、「当事務所はどんな事件でも解決してみせます」「たち
どころに解決します」という例を挙げます。指針のような記載をす
る広告は少ないと思いますが、「○○に強い」「○○専門」「○○に
実績がある」「経験豊富」という表現をしているホームページは少
なくありません。このようなイメージ先行の曖昧な表現（「強い」
いっても、勝訴率が高いという趣旨、解決のスピードが早いという
趣旨、それとも顧客満足度が高いという趣旨など、いろいろな意味
が含まれます）が、潜在的依頼者に過度な期待を抱かせる可能性が
ないとは言えません。

　ちなみに、「専門分野」について、指針は「客観性が担保されな
いまま専門家、専門分野等の表示を許すことは、誤導のおそれがあ
り、国民の利益を害し、ひいては弁護士等に対する国民の信頼を損
なうおそれがあるものであり、表示を控えるのが望ましい。専門家
であることを意味するスペシャリスト、プロ、エキスパート等とい
った用語の使用についても、同様とする」と定めてあり、専門分野
の表示を控えるよう求めています。しかしながら、「控えるのが望
ましい」という玉虫色の表現であるため、専門を名乗る弁護士のホ
ームページは、決して少なくなく、広告業者の中には集客効果が高
いとして専門を名乗るホームページの作成を勧めている者もいるよ
うです。

エ　「困惑させ、又は過度な不安をあおる広告」

　弁護士に依頼しないと不利益が生じることを声高に述べる広告が
これに該当します。過払金請求全盛期のときは、指針で挙げるよう
な「今すぐ請求しないとあなたの過払金は失われます。」という広
告を見かけましたが、過払金請求が下火になったことに伴い、近年

はあまり見かけなくなったような気がします。

オ 「特定の弁護士等又はこれらの事務所と比較した広告」

　「○○事務所より優れている」という表現を言います。このような表現をすれば比較した法律事務所や弁護士とトラブルになるのは必至ですから、直接的な表現で比較する広告はあまり見ないでしょう。

　ただ、日本司法支援センター（法テラス）との契約弁護士との比較をしているホームページを見ることはあります。スタッフ弁護士を除けば、法テラスの契約弁護士は特定の弁護士や法律事務所ではないので、直接違反することはありませんが、「法テラスだと費用が安いから弁護士は手抜きをする」などという表現は、事実に基づかない表現であり、弁護士の品位を損なう表現に該当しますので、決して記載すべきではありません。

カ 「法令又は本会若しくは所属弁護士会の会則等に違反する広告」

　日弁連等の会則は頻繁に改正されているため、かなり幅の広い規制です。指針には、弁護士法や不当景品類及び不当表示防止法違反の広告を禁止する旨記載があります。

　これに加え、弁護士等の事務所の名称とは別に「○○交通事故相談センター」、「○○遺言相続センター」等別の組織、名称を用い、法律事務所等の名称等に関する規程第6条（「弁護士は、その法律事務所に複数の事務所名称を付してはならない」）等に違反する広告を禁止する旨の記載があります。そのため、上記のようなホームページを開設する場合は、運営主体としての法律事務所を併記しなければなりません。

キ 弁護士等の品位又は信用を損なうおそれのある広告

　これも抽象的な表現ですが、指針には「違法行為若しくは脱法行為を助長し、又はもみ消しを示唆する表現」「奇異、低俗又は不快感を与える表現」を例に挙げています。

（3）実際の業務広告と広告規制のギャップ

　このように、日弁連が定める業務広告の規制は広範囲に及んでいますが、実際には専門ページやステルスマーケティングと思われる業務広告も少なくありません。規制に従っているようでは、集客効果の高い広告はできないという意見もあり、ペナルティが課されなければ無視して構わないと考えている方もいるようです。

　これは弁護士の考え方次第ですが、筆者は業務広告規制に従っても、十分な集客ができ、安定した経営ができると考えています。これまで述べてきたように、派手な宣伝をしなくても、適切なマーケティングと仕事ぶりがあれば、顧客はついてくると考えています。いずれは、「広告をしなくとも依頼の絶えない弁護士」を目指すべきではないでしょうか。

広告の目的を考える

　法律事務所の経営に関する書籍には、必ずといっていいほど広告宣伝に関する記載があります。本書でもマーケティングについて述べているように、独立したての弁護士にとって重要であることは事実だと思います。

　ただ、「何のために広告をするのか」をよく考えないと、依頼に繋がらず、広告宣伝費を無駄にすることになりかねないことも気に留めておくべきでしょう。「広告を出す」ことから「依頼を受ける」までの間には、さまざまなルートが存在するからです。

　多くの広告が想定しているルートとしては、「トラブルを抱えている人が法律事務所の広告を見る」→「この法律事務所に依頼すれば良い解決ができるのではないかと考える」→「法律事務所に連絡して相談の予約をする」→「実際に会ったら信頼できると感じたので、依頼をする」というものでしょう。このようなルートによる集客を目的としている場合は、トラブルを抱えた潜在的な依頼者が、その法律事務所に依頼することにより得られるメリットを訴求できる広告にしなければなりません。特定の法律問題のみをピックアップしているホームページなどは、これに該当するでしょう。

　他方、「知人から紹介された弁護士に依頼しようと思うのだが、どういう弁護士か事前に知っておきたい」「顧問契約を検討しているので、どんな法律事務所か役員に説明できる資料が欲しい」という場合もあります。このような場合は、依頼する予定の方に対して、依頼を確実にさせるため、メリットの訴求を前面に出すより、信頼性をアピールできる広告の方が良いでしょう。

　どのようなルートによって依頼を受けるかによって、広告の内容は変わってゆきます。広告業者に丸投げすることなく、経営者である弁護士自身が考えなければならないと思います。

7　相談者から依頼をいただくためには

　いかに多くの法律相談を受けても、受任に至らなければ経営が安定することはありません。法律相談料の相場は30分当たり5,000円（税別）としているケースが一般的ですので、法律相談だけでは十分な売上を上げることは困難です。

　誰かの紹介があり、相談に来所する前からその弁護士に依頼したいという方であれば、受任することはさほど難しくないでしょう。しかしながら、ホームページを見て相談に来た方など、複数の弁護士事務所に相談に行き、最も良いと思う弁護士を依頼したいという方もいらっしゃいます。また、そもそも相談のみしか考えていないという方もいます。

　そのため、法律相談の件数と事件の受任件数は、必ずしも比例するわけではありません。法律相談の件数を記載している法律事務所のホームページがありますが、その事務所が必ずしも多くの事件を受任しているとは限らないのです。

　そこで、相談を受けてから受任するまでのプロセスについて述べたいと思います。

（1）受任できる事件か

　そもそも、相談を受けた内容が受任できる事件でなければなりませ

ん。違法な行為や、公序良俗に反する行為について受任することは許されません。事件の性質上問題ないとしても、利益相反行為など、弁護士法に定められた「職務を行い得ない行為」を受任することはできません。これは、非弁提携についても同様です。

　次に、受任することに問題はないけれども、まだ紛争が表面化しておらず、相談者自身に依頼の意思がない事件もあります。この場合、弁護士を依頼するメリットを伝え、受任に繋げるという方法も考えられますが、過度に不安を煽るようなことがないよう気をつけなければなりません。弁護士が介入する必要のない状況であれば、法律相談にとどめ、必要が生じたら受任を検討するよう伝えるのが良いと思います。

　また、相談者との信頼関係を構築することが難しいと思われる場合は、受任について慎重に臨むべきです。例えば、依頼者が絶対に勝てると思い込んでいる場合などです。事件の見通しを伝え、納得いただいた状況であれば受任することもあると思いますが、それができない場合は受任を避けることも検討すべきです。受任すべき事件か否かを見極める能力は、一朝一夕では身につかない難しい能力ではありますが、弁護士自身がトラブルに巻き込まれないようにするために必要なものです。

（2）法律相談シートの活用

　離婚、交通事故、相続、債務整理などの事件においては、聞き取るべき事項が共通していることがあります。そこで、事前に聞き取り事項をまとめた書面に記入していただく方法によって、最初の法律相談の効率化を図ることができます。法律相談シートの内容を見ながら、どんな点が争いになっているか、争点について勝ち目があるのか否か

■電話での受付時における聴き取りシート（例）

法律相談シート

　法律相談のお電話ですね。ありがとうございます。

1，それでは、お名前を伺ってもよろしいでしょうか

　名前：

2，ご連絡先を教えていただけませんでしょうか

　連絡先：

3，当事務所のことは、どこでお知りになったのですか。

　経　緯：

4，ご相談の内容は、どういったものでしょうか。

　相談内容

　　・借金問題　現在の借入先と借金額　　　　社　　　　　円

　　　　　　　　不動産の有無　　　　　　有　　　無

　　　　　　　　破産経験の有無　　　　　有　　　無

　　・その他の相談

　当事務所では、最初の30分あたり相談料が5,500円発生しますが、よ
ろしいでしょうか。

　では、事務所にお伺いいただきたいのですが、ご都合の良い時間は
ありますか

　　　月　　　日（　）　　午前・午後　　　　時　　　分

　それでは、○月○日○時にお待ちしております。変更がありました
ら事前にご連絡ください。よろしくお願いいたします。

などを指摘してゆくことで、事件の道筋を示すことができます。ただ、相談者の中には話を聞いてもらいたいという方も少なくはないので、弁護士が相談シートの内容を見て一方的に話しているだけでは、信頼を得られないということもありますから、注意が必要です。

（3）提案できるサービスを示す

　弁護士のサービスには形がありません。そのため、弁護士に依頼をした場合、どんなサービスを行い、どんな効果があるのかについて、相談者はなかなか理解できないものです。弁護士にとって当然の事柄でも、説明しなければ相談者には伝わりません。逆に、相談者が過度な期待をしていることも少なくなく、そのような場合は先々においてトラブルになることもあります。

　したがって、依頼を受けるに際しては、弁護士として何を行うかを具体的に示し、その場合における効果やリスクなどをきちんと説明すべきでしょう。また、複数の請求があり、その1つだけを受任する場合（例えば、不貞行為の相手方に対する慰謝料請求事件は受任するが、離婚に関しては受任しない場合）は、どの範囲の行為までを受任するかを具体的なレベルで説明しておかないと、際限なく対応を求められることになりかねません。

（4）わかりやすい費用の説明

　着手金・報酬金方式で事件を受任する場合、まずは最初に着手金を請求することになります。その際、着手金の計算の根拠、およびその着手金においてどのような仕事をするかという点について、具体的に

説明する必要があります。特に、事件の進行段階によって追加の着手金をいただく場合（例えば離婚事件において、最初の着手金では交渉のみ、調停申立の際に追加着手金で○円、人事訴訟提起の際には追加着手金で○円……とするなど）は、どの段階でどれだけの活動をすることになるのかを説明しなければなりません。

　着手金以上に説明が必要なのは、報酬金です。報酬金額が固定されていない場合は、何を基準として報酬金を決めるのか、受任時に説明し、合意されていなければなりません。旧日本弁護士連合会報酬等基準においては、「事件の経済的利益」と記載されていますが、この表現だけでは具体的な金額を想定することは困難です。そこで、委任契約書において、「経済的利益」の内容を具体化し、合意しておく方法が良いでしょう。請求する側であれば、実際に回収できた金額の○％と表記することが考えられます。他方、請求される側の場合は、請求を退けた金額の○％と記載することがありますが、請求額は相手が自由に設定できることから、報酬金が高額になる可能性があります。最大報酬額を決めるなど、受任の際には注意が必要になります。

　また、離婚や子の引き渡し、刑事事件など、金銭に換算できない利益については、受任時に報酬金額を決めることになりますが、その算定の根拠についてはちゃんと説明し、報酬発生時にトラブルにならないよう気をつけなければなりません。

　タイムチャージ制を導入する場合は、業務に費やした時間をちゃんと記録する必要があります。独立当初の弁護士がタイムチャージを利用するケースは、弁護士特約による費用請求がほとんどと考えられますが、保険会社に業務の内容をわかるように具体的に記載しなければなりません。

南埼玉法律事務所・報酬基準（簡略版）

1　法律相談料
　最初の30分は5,500円。以降、10分経過ごとに1,650円。
　なお、債務整理に関する初回の相談料は無料（非事業者に限る）

2　民事事件一般
　経済的利益の額（当方が原告の場合は、請求額または認容額。当方が被告の場合は、請求されている額）を基準とし、次の通り。
(1)　着手金
・300万円以下の部分　請求額の8.8％
・300万円を超え、3,000万円以下の部分　請求額の5.5％
・3,000万円を超え、3億円以下の部分　請求額の3.3％
・3億円を超える部分　請求額の2.2％
　なお、着手金の最低額は、22万円
　交渉事件から訴訟事件に移行する場合、訴訟事件受任時は、通常の訴訟事件の着手金の半額。

(2)　報酬
・300万円以下の部分　請求額の17.6％
・300万円を超え、3,000万円以下の部分　請求額の11％
・3,000万円を超え、3億円以下の部分　請求額の6.6％
・3億円を超える部分　請求額の4.4％

3　債務整理事件（非事業者）
(1)　着手金
　①　任意整理
　　　1社あたり44,000円。ただし、最低額は220,000円
　②　自己破産
　　　220,000円〜440,000円
　③　個人再生
　　　330,000円〜440,000円

　　なお、裁判所に納める予納金（管財費用含む）については別途請求。
(2)　報酬
　　①　任意整理
　　　減額分の11%
　　②　自己破産
　　　着手金の2分の1程度
　　③　個人再生
　　　着手金の3分の2程度
　　④　過払成功報酬
　　　回収額の22%（訴訟による場合は回収額の27%）

　4　債務整理事件（事業者・法人）
(1)　着手金
　　①　任意整理
　　　55万円以上
　　②　自己破産
　　　770,000円以上
　　③　民事再生事件
　　　1,100,000円以上
(2)　報酬
　　非事業者の報酬に同じ

　5　家事事件
(1)　離婚
　　①　着手金　訴訟前　330,000円～550,000円
　　　　　　　　訴訟後　440,000円～660,000円
　　※訴訟前から受任し、訴訟手続に移行した場合は、訴訟後の着手金
　　の半額
　　②　報酬　　着手金と同程度
　　なお財産的給付を伴う場合は、これを基準として定めることがある。
(2)　相続
　　着手金　330,000円以上
　　報酬　　同上

6　刑事事件・少年事件
　　着手金　330,000円～550,000円
　　報酬　　330,000円～

7　顧問料
　　事業者　　月額33,000円以上
　　非事業者　月額11,000円以上

8　日当
　　半日（往復2時間を超え4時間まで）
　　　　33,000円～55,000円
　　1日（往復4時間を超える場合）
　　　　55,000円～110,000円

■見積書（例）

見　積　書

令和○年○月○○日

○○株式会社　御中

〒333-0811
埼玉県川口市戸塚2-21-31
ベルエリゼ201号室
南　埼　玉　法　律　事　務　所
電　話　048-452-8470
ＦＡＸ　048-452-8944
弁護士　高　倉　光　俊

本件については、下記の金額となります。

・事件内容　売掛金回収交渉	
・着手金（税別）	100,000円
・実費	0 円
・消費税	10,000円
・源泉徴収	△10,210円
合計	99,790円

・報酬（税別）	回収額の10％に相当する金額
・消費税	上記金額の10％

【通信欄】
　当事務所の報酬基準に拠り、上記見積をさせていただきます。

■弁護士費用の目安（例）

南埼玉法律事務所　弁護士費用の目安（税抜）

令和〇年〇月〇〇日

1　着手金
（1）経済的利益算定可能な請求事件（訴訟・審判事件）
　300万円以下の部分　経済的利益の8％
　300万円を超え、3,000万円以下の部分　経済的利益の5％
　3,000万円以上の部分　経済的利益の2％

（2）経済的利益が算定困難な事件
　内容証明送付　簡単な調査　　〇円
　督促手続　〇円
　訴訟外の交渉　〇円
　訴訟・審判の最低額　〇円
　成年後見申立　〇円
　面会交渉（個別）　〇円
　　　　　　　　　　（なお、別の手続を行なっている場合は、＋〇円）
　離婚（親権のみ）　債務整理（個人）　刑事事件　〇円
　離婚（養育費・財産分与を含む）相続　〇円
　相続（相続財産の多いもの）　〇円
　債務整理（法人）　〇円〜〇円

2　報酬
（1）経済的利益算定可能な請求事件（訴訟・審判事件）
　300万円以下の部分　経済的利益の16％
　300万円を超え、3,000万円以下の部分　経済的利益の10％
　3,000万円以上の部分　経済的利益の6％

（2）経済的利益が算定困難な事件
　内容証明送付　(1)の2分の1

督促手続　　(1)に準ずる

訴訟外の交渉　同上

離婚（親権のみ）　　着手金と同額

債務整理　　　　　　着手金の2分の1

刑事事件　　　　　　勾留前に釈放した場合　　○円

　　　　　　　　　　不起訴にした場合　　○円

　　　　　　　　　　執行猶予にした場合　　○円

離婚（養育費・財産分与を含む）　着手金額か、得た経済的利益のうち(1)に定める額のうち、多い方

相続　　　　　　　　相続の時価につき、(1)に準ずる

(3)　顧問料

非事業者　　月額○円

原則　　月額○円

顧問としての活動が少ない会社　　月額○円

規模が大きい会社　　月額○円

上場会社　　月額○円以上

(4)　日当

さいたま地裁（本庁・越谷・川越・熊谷）、東京地裁（本庁）、東京高裁、最高裁、千葉地裁松戸支部以外の関東の裁判所

期日1回につき○円

上記以外の裁判所のうち、拘束時間が往復4時間まで

期日1回につき○円

上記以外の裁判所のうち、拘束時間が4時間以上

期日1回につき○円

（5）検討する時間を提供する

　弁護士に依頼する場合、それなりに高額の費用が発生します。この弁護士に依頼すべきか否かを決めるためには、検討する時間が必要になるかもしれないでしょう。複数の法律事務所で法律相談を受けており、依頼する弁護士を選んでいるということもあるかもしれません。

　法律相談を受けた結果、相談者が依頼すべきか否かを迷っているようでしたら、一度持ち帰って検討してもらったほうが良いでしょう。無理に受任を勧めると、後々トラブルになることもあります。むしろ、じっくり考えた結果、依頼を受けたのであれば、信頼関係が構築されやすいといえるでしょう。

（6）無料相談の良し悪し

　最近、無料で法律相談を受ける弁護士が増えているようです。すべての法律相談を無料としている事務所はさほど多くはありませんが、「初回法律相談無料」や、重点的に取り扱っている分野について無料相談を受け付けている事務所は増えています。

　無料相談のメリットは、法律事務所に赴くハードルが下がるという点です。我が国では、「相談」に対してお金を払うという文化が浸透していないことや、市役所等の公的機関における法律相談は無料であることが多いことから、有料の法律相談には二の足を踏むという傾向があります。ホームページを見て、「よさそうだな」と思っても、相談のために事務所まで赴き、税抜5,000円程度の費用を支払うとなると、足が遠のくこともあるでしょう。特に債務整理の分野は、金銭的に厳しい状況にある方が相談にいらっしゃるのですから、有料の法律相談

のハードルはより高くなるでしょう。

　したがって、ホームページなどで集客をするスタイルであれば、事務所への来所のハードルを下げるために、一定の無料相談を設ける必要があると思います。

　他方、無料法律相談にはデメリットもあります。少額とはいえ、法律相談料も売上になるのですから、無料相談を何度も行ってしまうと、売上の減少に繋がります（そのため、大部分の事務所は初回のみを無料としているようです）。

　また、相談のハードルが下がるということは、複数の事務所を回って「話だけ聞く」相談者や、筋が悪くて勝ち目のない事件の相談者を呼び込む可能性を上げることになります。そのような方の相談を受けることが悪いという意味ではありませんが、売上に見合わない時間と労力を費やすことにはなるでしょう。

　いずれにせよ、独立当初には、広く相談者を募るためにも、ある程度の無料法律相談を設け、経営が安定した段階で無料相談の廃止を検討してゆくことが良いと思います。筆者も、独立当初は一部の分野において無料法律相談を設けておりましたが、現在は原則有料としています（ただ、消費者事件や弁護団活動の事件など、公益活動として携わっている事件の相談については無料相談としています）。

弁護士費用の相場

　本編でも少し述べましたが、かつては日本弁護士連合会報酬等基準規程というものが存在し、各弁護士会においてこれに基づく独自の報酬規程が定められていたようです。弁護士会の定めた報酬規程の枠内で費用を決めていたので、多くの弁護士が似たような費用額だったようです。

　弁護士会の報酬規程が撤廃されてすでに10年以上が経過し、報酬額の定め方についても各弁護士が自由に決められるようになりました。とはいっても、旧日弁連報酬等基準規程をベースにして、事務所の報酬基準を決めている事務所は少なくありません（ちなみに弊所も旧日弁連報酬等基準規程をベースとした報酬基準を作成しています）。そうすると、「弁護士費用の相場」とは、旧日弁連報酬等基準になるのかと思います。弁護士業務便覧には、すでに廃止された旧日弁連報酬等基準が現在でも掲載されていることからも、この基準が事実上弁護士費用の相場を形成しているのでしょう。なお、日弁連のホームページには「市民のための弁護士報酬の目安」を公開しており、おおよその相場がつかめるようになっています。

　過払金請求や交通事故などの特定の分野においては、「着手金ゼロ」を謳う法律事務所も少なくないようです。費用において差別化を図るために、着手金をゼロとして依頼のハードルを下げる狙いでしょう（その分報酬を高めに設定していることがあります）。

第3章 良い仕事をするためのノウハウ

【Introduction】

　前章で述べた「紹介される事務所」になるためには、顧客から信頼される弁護士になれなければなりません。顧客から信頼を得るためには、顧客が満足する仕事をすることが一番の近道です。

　よほど不適切な仕事をしない限り、依頼者が求めていた結果を出すことができれば、満足度は高まり、信頼は深まるでしょう。しかしながら、依頼を受けるすべての事件が、依頼者の求める結果になるとは限りません（勝ち筋の事件のみを受任するという方法もあるのでしょうが、それでも限界があります）。また、我が国においては多くの事件が和解によって解決しているので、「勝ち負け」が曖昧なケースも少なくないのです。

　そうすると、依頼者が弁護士に対して信頼を抱くのは、判決や和解内容という「結果」のみならず、そこに至るまでの「プロセス」も重要になります。ひとつひとつの仕事を通して、依頼者からの信頼を得ることができれば「裁判では負けたけど、先生に依頼してよかった」と言われることも少なくありません。

　もちろん、仕事を通して信頼を培うことは、決して簡単ではありません。経験年数が少なければ、未知の法律分野もありますし、事件の見通しを立てることが難しいということもあるでしょう。

　そこで、本章では、弁護士業務における基本的な心構えを述べた後、独立直後の弁護士が受任する機会の多い「離婚」「交通事故」「相続」「債務整理」「労働事件（労働者側）」という分野について、業務遂行

について述べたいと思います。

　なお、各分野については、主に若手弁護士を対象とした、さまざまなノウハウ本が出版されています。本書はあくまで「基本的な心構え」と捉えていただき、詳細につきましては、それらの書籍等を参照いただくと良いと思います。

1　弁護士業務の基本

　司法研修所には「民事弁護」「刑事弁護」の科目があるので、弁護士業務の基本は研修所の教官や、弁護修習中に指導担当弁護士から教わることになります。また、弁護士登録した後でも、弁護士会において新人研修が義務付けられていることから、習得する機会は少なくありません。

　もっとも、座学によって覚える情報は、実践しなければすぐに忘れてしまう傾向があります。実務修習における弁護修習の期間も短く、実務で即通用するレベルになることは難しいでしょう。やはり、弁護士登録した後の経験が重要になるので、勤務弁護士時代のボス弁護士の影響が大きいと思います。そういった意味でも、弁護士登録後に在籍する事務所選びは重要です。

　ここでは、筆者の知識と経験を交えて、事件を受任する際に気をつけるべき事柄についてまとめてみたいと思います。

（1）受任時の説明義務

　法律事務について依頼を受ける場合、弁護士と依頼者の間に、委任契約が成立します。受任者である弁護士は、委任者である依頼者に対して善管注意義務を負うことになり、その中には説明義務が存在します。日弁連の弁護士職務基本規程にも、「弁護士は、事件を受任する

に当たり、依頼者から得た情報に基づき、事件の見通し、処理の方法並びに弁護士報酬および費用について、適切な説明をしなければならない」と定め、受任時において「事件の見通し」「処理の方法」「費用に関する事項」について説明することを求めています。

　では、具体的にはどのような説明が必要でしょうか。弁護士費用についてはすでに述べているため、ここでは「事件の見通し」と「処理の方法」について述べたいと思います。

①　事件の見通し

　事件の見通しとは、平たく言えば「勝つか負けるか」です。依頼者にとっては最も重要な情報ですが、弁護士にとってはもっとも難しい質問になります。絶対に勝てる事件は存在しませんし（そもそも、勝訴を約束することは弁護士倫理上も禁止されています）、どんな紛争でもさまざまな事情が複雑に絡み合っているので、受任時における見通しの精度を上げることは難しいといえるでしょう。

　そのような状況の中、どのような説明ができるでしょうか。ここでは、請求する側に立って考えてみましょう。まず重要なのは、前提事実を確認することです。「先ほど拝見した書面を前提にすれば」「（相談者が）言ったことが事実であることを前提とすれば」など伝えた上で、事実関係を固めて見通しを述べます。法律上の請求の当否は、事実関係が変われば一転することもめずらしくありません。相談者の話が事実と異なっていたり、相談時に聞いていなかった事実が出たりする場合には、当初の見通しとまったく異なる結果になることもしばしばです。そのため、相談時の見通しを説明するためには、まず前提事実を相談者と共有しなければなりません。

　その上で、請求が認められる可能性が高いのか、それとも低いのかを伝えることになります。あくまで「可能性」であり、請求が認められると約束するものではありません。もっとも、相談者は、「請求が

110

認められる可能性が高い」と言われると、「請求が認められる」と認識していることが往々にしてありますので、結果を約束しているわけではないことや、異なる事実が存在すれば結論が変わることについても言及しなければなりません。

　請求が認められるか否かを予測するには、法律や判例の知識のみならず、経験が必要になります。同種の事件の経験があれば、予測は立てやすくなりますし、初めて経験する事件について予測を立てるのは難しいでしょう。

　事件の見通しを立てることができるまで、どのくらいの経験年数が必要か聞かれることがあります。所属している事務所や、受任している事件の種類や件数によって異なるので一概には言えません。おおまかな目安を申し上げれば、3年から5年といったところでしょうか。これは都市部以外において独立するまでの経験年数と近い数字になります。

②　処理の方法

　事件を受任してから、具体的にどのような行動を起こすかを説明しなければなりません。一般的には、紛争の相手方に受任通知を送付するところから始まるでしょう。その後、書面や口頭、面会によって交渉を進めてゆくのか、訴訟を提起するのか、調停や審判を申し立てるのか等、具体的なアクションを説明しなければなりません。もちろん、状況が変化すれば、選択すべき処理方針も変更になりますが、受任時の状況を前提として、どのような処理方針にするかを説明すべきでしょう。

　この場合、経験のない分野については、とるべき方針について即答できないということもあるでしょう。その場合は、時間をいただき、処理方針を調べた上で、改めて説明したほうが良いと思います。

（2） 委任契約書および必要書類の取り交わし

　弁護士職務基本規程によれば、弁護士が事件を受任する際には、委任契約書を作成しなければならないとされています。その委任契約書においては、「弁護士報酬に関する事項」を記載することが求められていますが、それ以外について定めはありません。東京弁護士会法友全期会報酬基準研究会編集の『Ｑ＆Ａ弁護士報酬ハンドブック』（ぎょうせい刊）によれば、弁護士報酬関係以外の記載として、事件の内容や、委任の範囲（具体的に行う手続）、途中で委任契約が終了した場合の処理等についての項目があります。これら委任契約書に関する書式等も参考にされると良いと思います。

■委任契約書（例）

委 任 契 約 書 （民事）

　依頼者を甲、受任弁護士を乙として、次のとおり委任契約を締結する。

第１条（事件等の表示と受任の範囲）

　甲は乙に対し下記事件または法律事務（以下「本件事件等」という）の処理を委任し、乙はこれを受任した。

① **事件等の表示**

　事件名＿＿＿＿＿＿＿＿＿＿＿＿＿＿＿＿＿＿＿＿＿＿＿＿＿＿＿＿

　相手方＿＿＿＿＿＿＿＿＿＿＿＿＿＿＿＿＿＿＿＿＿＿＿＿＿＿＿＿

② **受任範囲**

　□書類作成、□交渉

　□訴訟（一審、控訴審、上告審、支払督促、少額訴訟、手形・小切手）

　□調停および審判、□債務整理（破産、民事再生、任意整理等）

　□保全処分（仮処分、仮差押、証拠保全）、□即決和解

　□強制執行、□遺言執行、□行政不服申立

□その他（　　　　　　　　　　　　　　　　　　）
第2条（弁護士報酬）
　甲および乙は、本件事件等に関する弁護士報酬につき、乙の弁護士報酬基準に定めるもののうち□レを付したものを選択することおよびその金額（税抜）または算定方法を合意した。
　　□着手金
　　　①　着手金の金額を　金＿＿＿＿＿＿＿＿円とする。
　　　②　着手金の支払時期・方法は、特約なき場合は本件事件等の委任のときに一括払いするものとする。
　　□報酬金 (報酬の発生条件：　　　　　　　　　　　　　　）
　　　①　報酬金の金額を次のとおりとする。ただし、本件事件等が上訴等により受任範囲とは異なる手続きに移行し、引き続き乙がこれを受任する場合は、その新たな委任契約の協議の際に再度協議するものとする。
　　　　□金＿＿＿＿＿＿＿円とする。
　　　　□甲の得た経済的利益の＿＿＿＿％とする。
　　　　（経済的利益：支払を受けた金額　支払を免れた金額　特約に記載）
　　　②　報酬金の支払時期は、本件事件等の処理の終了したときとする。
　　□その他
第3条（実費・預り金）
　甲および乙は、本件事件等に関する実費等につき、次のとおり合意する。
　　□実費
　　　□甲は費用概算として金＿＿＿＿＿＿円を予納する。
　　　□実費が発生した日以降に請求する。
　　□預り金
　　　甲は＿＿＿＿＿＿＿の目的で金＿＿＿＿＿＿＿円を乙に預託する。
※着手時支払額　　　　円（消費税　　　円・源泉所得税▲　　　円）
第4条（事件処理の中止等）
　1　甲が弁護士報酬または実費等の支払いを遅滞したときは、乙は本件事件の処理に着手せず、またはその処理を中止することがで

きる。

2　前項の場合には、乙はすみやかに甲にその旨を通知しなければ
ならない。

第５条（弁護士報酬の相殺等）

1　甲が弁護士報酬または実費等を支払わないときは、乙は甲に対
する金銭債務と相殺し、または本件事件に関して保管中の書類そ
の他のものを甲に引き渡さないことができる。

2　前項の場合には、乙はすみやかに甲にその旨を通知しなければ
ならない。

第６条（中途解約の場合の弁護士報酬の処理）

本委任契約に基づく事件等の処理が、解任、辞任または継続不能
により中途で終了したときは、乙の処理の程度に応じて清算を行う
こととし、処理の程度についての甲および乙の協議結果に基づき、
弁護士報酬の全部もしくは一部の返還または支払いを行うものとす
る。

第７条（事件報告）

乙は、甲に対し、事件の進捗状況を電話、FAX およびメールによ
り報告する。

第８条（特約）

本委任契約につき、甲および乙は次のとおりの特約に合意した。

甲および乙は、乙の弁護士報酬基準の説明に基づき本委任契約の合
意内容を十分理解したことを相互に確認し、その成立を証するため本
契約書を作成し、甲が写しを、乙が原本を保管するものとする。

　　　　　　　　　　　　　　　　　　令和　　年　　月　　日

甲（依頼者）　　　　住　所_____

　　　　　　　　　　　氏　名_____印

乙（受任弁護士）　　氏　名_____印

（3）情報セキュリティ対策

　個人情報保護の重要性が叫ばれるようになって久しくなりますが、依頼者のプライバシー等のセンシティブな情報を扱う弁護士にとって、情報セキュリティ対策が必要であることは言うまでもありません。日本弁護士連合会も、平成25年に「弁護士情報セキュリティガイドライン」を制定し（平成31年1月に改訂されています）、弁護士に対しても情報セキュリティ対策を講じることを求めています。

　弁護士が管理する情報には、大きく紙媒体と電子データに分類することができます。このうち紙媒体の情報が漏洩するケースは、記録が入った鞄の紛失、FAXの誤送信、情報が記載されている書面を裏紙として使用することによって生じますが、いずれも意識さえすれば防ぎ得るものです。他方、電子データは複製が容易であること、ネットワークの繋がっている電子媒体（パソコンに限らず、スマートフォンやタブレットも含まれます）が悪意のあるプログラムやウィルスによって知らぬ間に流出するおそれがあることから、セキュリティにはより深い注意を向けなければなりません。クラウドなどの機能は非常に便利ですが、同時に情報流出のリスクが高まることも知っておかなければならないでしょう。

　とはいえ、現在においてパソコン等の電子媒体を利用しないで弁護士業務を行うことは現実的ではありません。少なくとも、自身の利用する電子媒体にはウィルス対策ソフトをインストールしておくこと、スマートフォンなど、持ち運ぶ電子媒体についてはパスワード等によるロックを設定し、第三者の目に触れることがないようにすることなどが必要でしょう。

Column

法曹界の IT 事情

　他の業界に比べ、法曹の世界では IT 化が遅れていると言われています。裁判所や検察庁の内部では事件等を管理するシステムが整備されているようですが、外部のネットワークとは接続していません。執筆時である令和 2 年 4 月においては、裁判手続における書面の提出は郵送か FAX であり、原則としてデータファイルについて、ネットワークを通じて提出することはできません。

　現在でも、多くの弁護士にとっての業務の中心は、裁判所における紛争処理です。そのため、裁判手続が IT 化しない以上、弁護士事務所だけが IT 化してゆくケースは少なかったのです。法律事務所内部において IT を利活用することはありますが、比較的規模の大きい事務所に限られるでしょう。弁護士が 1 人か数人の小規模事務所ですと、運用のコストと見合わないことがままあるからです。

　そのような状況が長く続きましたが、平成も終わりが近づいた平成29年10月、「裁判手続等の IT 化検討会」が発足し、裁判手続に IT 化を導入しようという動きが始まりました。

　執筆時である令和 2 年 4 月には、一部の裁判所で Web 会議を利用した争点整理手続が開始されました。いずれは民事訴訟法等の法令を改正し、ネットワークを介した書面の提出等ができるようにする予定だと思いますが、現在のところ、具体的な目処は立っていないようです。

　IT 化にはセキュリティやデジタル・ディバイド（情報技術を使いこなせる者とそうでない者との格差のこと）などの課題もありますが、弁護士にとっては業務改善となるので、喜ばしいことだと思っています。AI や IoT などの最新技術も重要ですが、すでに普及している IT 技術をどう裁判実務に落とし込めるかが、今後の法曹界には重要であるような気がします。

2　非弁行為・非弁提携に注意

　弁護士法72条は「弁護士又は弁護士法人でない者は、報酬を得る目的で訴訟事件、非訟事件及び審査請求、異議申立て、再審査請求等行政庁に対する不服申立事件その他一般の法律事件に関して鑑定、代理、仲裁若しくは和解その他の法律事務を取り扱い、又はこれらの周旋をすることを業とすることができない。」と定め、弁護士以外の者が紛争性のある法律事務を行うことによって報酬を得ることを禁止しています。このように、弁護士以外の者が弁護士としての業務を行うことは、「非弁行為」と呼ばれ、違法とされています。弁護士法は、法律家としての能力がなく、また弁護士会による監督に服さない非弁護士に対して法律事務の取扱いを認めると、依頼者のみならず、関係者等に不利益を与える可能性が高いため、かかる規制を設けているのです。

　そして、同法27条は、「弁護士は、第72条乃至第74条の規定に違反する者から事件の周旋を受け、又はこれらの者に自己の名義を利用させてはならない」と定め、非弁行為を行う者から事件の斡旋を受けたり、名義を使用させたりすることを禁止します。かかる行為は、「非弁提携」と呼ばれています。

　弁護士法の禁止する「非弁行為」「非弁提携」に対しては、各弁護士会も厳しい態度をもって臨んでいますが、毎年一定数の弁護士が懲戒処分を受けています。中には、刑事事件となり、刑事罰を受ける弁護士もいます。

　法を遵守すべき立場にある弁護士が、なぜそのようなことを行って

しまうのでしょうか。ここでは、非弁行為と非弁提携について、取り上げてみようと思います。

（1）非弁行為に手を染めないために

　用語の定義からは当然の帰結になりますが、弁護士自身の行為が、非弁行為に問われることはありません（業務停止中の弁護士が業務を行うことは禁止されていますが、かかる行為が直接非弁行為に該当するわけではありません）。そのため、弁護士が非弁行為を疑われるケースは、弁護士以外の者に弁護士でなければできない業務を行わせるというケースです。

　最近は弁護士しかいない事務所も増えてきましたが、多くの事務所には弁護士の資格を有していない事務職員が在籍し、彼らと一緒に仕事をしています。事務職員は法律事務を補佐する立場から、さまざまな弁護士業務のサポートを行っています。具体的には、裁判所に書類を提出したり、依頼者に伝言をしたり、送達先の調査をしたり……仕事内容はさまざまです。通常、このような行為は非弁行為に該当することはないと思いますが、これらの行為を超えて、事務職員が弁護士のように振る舞うケースは非弁行為に該当する可能性が出てくるでしょう。具体的には、弁護士に代わって裁判所に出廷して陳述したり（弁護士でないことがわかっていれば陳述させることはありませんが）、事務職員の判断によって相手方と交渉したり、弁護士が同席せずに委任契約を締結するケースなどが考えられます。補佐としての行為と非弁行為を分ける一つの目安としては、弁護士の指示に基づいた行為であるか否かではないかと考えられます。すなわち、事務職員自身の判断に基づく行為は、非弁行為に該当する可能性があるといえるでしょう。

（2）非弁提携に巻き込まれないために

　非弁行為より深刻なのは、非弁提携です。独立直後の弁護士の中には、仕事がなくて困っている方も少なくはありません。そのような弁護士は非弁提携業者の格好の的で、言葉巧みに非弁提携を勧誘しているようです。

　以前の非弁提携業者は、対価を支払って弁護士から名義を借り受ける者、依頼者を紹介する代わりに紹介料の支払いを得ようとする者がほとんどでした。しかし、このような一見して明らかな非弁提携を持ちかける業者は減少しており、より巧妙な手口で非弁提携を持ちかけるようになりました。

　その手口はさまざまであり、すべてを紹介することはできませんが、「コンサルティング」と称し、事務所や設備のリース、事務職員の派遣等を行うとして、実質的には弁護士の名義を使って依頼者を食い物にした挙げ句、弁護士にすべての責任をなすりつけて消えるというケースが報告されています。

　ここまで悪質ではなくても、広告料やコンサルティング料と称して、紹介料を請求する業者もいます。弁護士の広告宣伝が一般的になった今日、弁護士を狙う業者も増えてきています。

　そもそも、コンサルティング業は信頼を基礎にしているので、信頼関係のないコンサルタントを依頼することはおかしな話です。非弁提携を持ちかけるような業者は、前述した「ハブとなる紹介者」のような振る舞いをし、一見とても信頼できそうに見えます。しかしながら、「ハブとなる紹介者」が、見ず知らずの弁護士に連絡することなどありえません（そのような方の信頼を得ることは、一朝一夕ではなしえません）。独立直後はコンサルタントを名乗る業者や広告業者から営業の電話がひっきりなしに掛かってきますが、基本的にはそのような

業者に依頼することは避けるべきでしょう。優良な業者であれば、電話営業をする必要などないのですから。

　なお、非弁提携については、深澤諭史著『弁護士のための非弁対策Q & A』（第一法規刊）が詳しいので、一読することをお勧めします。

Column

なぜ非弁提携を持ちかけるのか?

　日本弁護士連合会が発行している会報「自由と正義」には、毎月懲戒処分の公告が掲載されています。それによると、非弁提携を理由とする懲戒処分は、現在においても一定の割合で存在していることがわかります。

　ただ、少し疑問も出てきます。昔ならいざしらず、弁護士の大量増員により、売上減少が叫ばれている昨今、非弁提携を持ちかけることでメリットがあるか、というものです。

　筆者は非弁を持ちかけるような人物に知り合いがいないので、あくまで想像ということになってしまいますが、おそらく現在でも非弁提携による利益はあるのでしょう。もちろん、提携を持ちかける弁護士ではない者にとって、という意味です。

　弁護士と関わりのない生活を送っている人にとっては、「弁護士」の実体というものはよくわからず、「なんか立派な人」と映り、「弁護士が不正をすることはないだろう」という印象を持つのだと思います。その弁護士が、実際に解決できるか否かを度外視して、解決できるといえば、そのためにお金を支払うという方は少なくないでしょう。法や弁護士倫理を一切無視して、弁護士の名前を前面に出しお金を集めることは、現在においても可能なのだと思います。ただ、その方法は詐欺行為を構成するものか、そうでなくてもこれに近いものでしょう。

　当然のことながら、そのようなやり方は長続きせず、すぐに依頼者との間でトラブルになります。しかし、その時は既に非弁提携業者の姿はなく、提携した弁護士がすべての責任を負わなければなりません。非弁提携による懲戒処分は非常に重く、弁護士の資格を剥奪されることも少なくありません。

　非弁提携を持ちかける者は決して少なくないようです。そのような者と関われば、自らの弁護士人生は瞬く間に終着点の手前になることを、肝に命じておくべきでしょう。

3　仕事ぶりで信頼を得る

　弁護士と依頼者の信頼関係は、依頼された事件を遂行する過程において構築されてゆきます。逆に、事件遂行の過程で悪化することもあります。紹介のない依頼者であれば、受任直後は弱い信頼関係しかありませんし、比較的強い信頼関係にある紹介のある依頼者や、過去の顧客が再度依頼したケースであったとしても、仕事の内容が悪ければ、信頼関係が悪化することもめずらしくありません。

　信頼関係がなくなれば、依頼者の満足する結果になったとしても、弁護士を必要としている他の人を紹介したり、再度依頼したりすることはないでしょう。依頼者の満足する結果にならなかった場合、弁護士会に対して苦情を入れたり、懲戒請求されたりする場合もあります。弁護士に落ち度がなければ、実際に懲戒処分を受けることはありませんが、無用の労力を費やすことになってしまいます。

　そこで、ここでは依頼者から事件を受任した後、どのような点に気をつけて事件に取り組むべきかを述べたいと思います。なお、ここで紹介するケースはあくまで筆者の経験による一般論であり、すべての事件について当てはまるものではないことをご了解ください。

（1）依頼者とのコミュニケーション

　信頼関係を構築するためには、依頼者との間に良好なコミュニケー

ションが存在しなければなりません。かかる関係なくして、信頼関係の構築など存在しないと考えても過言ではないでしょう。したがって、受任後は、依頼者とのコミュニケーションを絶やしてはいけません。

とはいえ、複数の事件を抱えている弁護士が、すべての依頼者に毎日電話をすることは現実的ではありませんし、依頼者も毎日電話されては迷惑という方もいます。一口に依頼者といっても、さまざまなタイプの方がいらっしゃるのですから、コミュニケーションの取り方も千差万別です。

共通する点としては、弁護士が外部に向けて行うアクションについては、依頼者の確認を得ること、および依頼者の判断が必要な行為を行うに際しては、よく相談することでしょう。前者には、相手方に送付する内容証明郵便、裁判所に提出する準備書面などの確認があり、後者には、訴訟提起や調停申立等を行うか否か、上訴するか否か、和解をするか否かという点があるでしょう。これらの事項について、依頼者とコミュニケーションを取ることは最低限必要なことで、依頼者に無断で行ってはなりません。また、相手方から送られた書面は、原則として依頼者に開示し、情報を共有すべきでしょう。依頼者にとってわかり辛い内容である場合は、内容を説明しながら見せたりすると良いと思います。

また、事件の進捗状況については、変化があり次第速やかに伝えなければなりません。変化がない場合にも、一定の期間ごとに、報告をすることが望ましいといえます。最新の進捗状況は、依頼者と常に共有すべきでしょう。

それ以外のコミュニケーションは、依頼者の性質や、事件の内容によって異なると思います。不安で毎日のように電話をする依頼者もいれば、進捗状況についてメールをもらえれば十分という依頼者もいます。依頼者にとってベストなコミュニケーションを構築するため、工夫をしてゆくべきでしょう。

裁判期日のご報告 令和○年○月○日

　　　○○様
（FAX　○○　）

〒333-0811
埼玉県川口市戸塚2-21-31
ベルエリゼ201号室
南 埼 玉 法 律 事 務 所
弁護士 高 倉 光 俊
TEL：048-452-8470　FAX：048-452-8944

● 件　　　名 ●
さいたま地方裁判所
令和○年（ワ）第○○号　売買代金請求事件
令和○年○月○日期日報告の件

● 御　連　絡 ●
お世話になっております。
南埼玉法律事務所の高倉でございます。

○月○日、さいたま地方裁判所で裁判期日がありました。
　当方からは、先日ご確認いただきました第○準備書面を提出いたしました。
　次回期日までに相手方が反論をする予定になっております。

　次回の期日は○月○日午前10時からとなります。
　相手方の書面が届きましたら、改めてご連絡申しあげます。

どうぞよろしくお願い申し上げます。

（2）クイックレスポンスの重要性

　経験の浅い弁護士であっても、対応の速度を早めることは可能です。特に独立直後は事件が少ないのですから、依頼者からの質問にすぐに取り掛かり、速いレスポンスをすることは可能なはずです。もちろん、中には時間をかけて調査しなければならないものもあり、すべてに対して即時に回答をすることはできませんが、その場合でも「調べますので○日お時間をください」という回答をすることはすぐにできるはずです。

　このようにクイックレスポンスを心がけることで依頼者から信頼を得ることができます。特に会社経営者のような方は、せっかちな方が多いので、質問をしたまま数日放置されると、どうなっているのか不安に思う方も少なくありません。間違いのないようにちゃんと調べることが必要なのは言うまでもありませんが、その場合でも回答は速やかに行いましょう。ちなみに筆者は、原則として当日中、遅くとも翌営業日には回答をするよう心がけています。

（3）約束を守る

　筆者が尊敬する商工会議所の先輩が、よく「ABC」とおっしゃっています。これは「A（当たり前のことを）、B（馬鹿みたいに）、C（ちゃんとやる）」という意味だそうです。この「ABC」こそ、近年の弁護士業界に足りないものではないでしょうか。

　残念ながら、裁判所に提出する書面の締切を守らない弁護士は決して少なくありません。書面の締切を守らなければ、その期日に陳述することができず、期日が空転することもあります。そうすれば、依頼

者にとっても不利益になるでしょう。

　時間を守る、締切（納期）を遵守することは、仕事をする上で基本中の基本です。能力に関係なく、注意すればできることですから、まずは約束をきちんと守りましょう。

　これを逆の側面からみれば、「守ることのできない約束はしない」ということです。依頼者や相手方にとっては、弁護士が約束した以上実現すると思うのですから、できないことを約束してはならないのです。そのような約束をすれば、逆に信頼関係を損ねることになるでしょう。

（4）事件の見立て

　前述したとおり、事件の見通しは依頼者が最も関心のある事柄であり、弁護士にとっては最も困難な事柄です。弁護士から、「勝てる可能性は低い」と言われた事件について、満足の行かない結果になっても大きなトラブルにはなりませんが、「勝てる可能性が高い」と言った事件で負けると、信頼関係を失い、トラブルとなる可能性が高いといえます（「勝てる可能性が低い」と言った事件で勝っても、信頼関係が悪化するケースは稀でしょう）。

　そうすると、弱気の見立てをすれば良いとも考えられますが、常に「勝てる可能性が低い」と言い続けると、頼りない弁護士と映り、依頼されなくなってしまうでしょう。このあたりは、とても難しいところです。

　事件の見立てについては、受任時のみならず、最新の状況に照らして判断すべきでしょう。その上で、最適な解決を依頼者と模索してゆくべきであると考えます。

　ご存知のとおり、我が国における民事裁判の大半は和解によって終

了します。事件の見立てを共有しつつ、和解によってかかる見立てに近い水準で解決できれば、依頼者との信頼関係を構築することができるでしょう。

　なお、和解で解決するためには、依頼者のみならず、相手方（および相手方代理人弁護士）との間でも共通した見立て（いわゆる「落とし所」）が共有されていなければなりません。ただ、訴訟や調停等の手続きになっていれば、裁判所の後押しにより和解できるケースは少なくないので、共通した見立てができない場合でも、和解によって解決できるケースもあります。

（5）他者の協力を仰ぐことも必要

　経験のない分野について受任したときや、大規模な事件を受任したときは、1人の弁護士がすべてをこなすことが困難となるケースもあります。そういうケースは、外部の弁護士と共同受任することを検討すべきでしょう。依頼者の承諾が前提ですが、すべての事件について単独で遂行する必要はないのです。

　また、利害関係がある場合などは、依頼を受けることができないのですから、別の弁護士を紹介することもあるでしょう。

　弁護士以外の専門分野については、その分野に詳しい方に話を聞いたほうが良いと思います。よく法律相談で税務の質問をされることがありますが、弁護士は税務の専門家ではなく、回答に窮することもあります。その場合でも、気軽に質問できる税理士がいれば、確認して回答することができるでしょう。

　受任する件数が増えれば、弁護士単独では処理できない事項も増えてきます。協力してくれる専門家との関係を構築することが重要になってゆくでしょう。だからこそ、他の専門家から協力を求められた時

には、惜しみなく弁護士としての能力を提供すべきだと思います。

Column
依頼者が求めているもの

　依頼者の満足度を高めるためには、依頼者が弁護士に何を求めているかを把握しなければなりません。単に裁判に勝つことだけが、依頼者が求める結果であるとは限らないのです。

　依頼者が何を求めて弁護士に依頼したのか、一見簡単のようですが、実際は複雑な面があります。金銭請求を求める事件であっても、金額を重視するのか、支払完了までのスピードを重視するのか、それとも関係の悪化をできるだけ避けた解決方法を求めているのか……など、優先順位は依頼者によってさまざまです。

　また、離婚等の家族に関する紛争であれば、より複雑になってゆきます。「離婚したい」という依頼者の中にも、離婚を最優先としているのか、親権を最優先にしているのか、財産分与や慰謝料等の金銭請求を最優先にしているのかなど、離婚事件を弁護士に依頼する理由が異なることはあります。私自身も弁護士として多くの離婚事件を経験しましたが、「少しでも多くお金を取って欲しい」と希望される依頼者もいれば、「子どもが戻ってくれば、お金は1円もいらない」という依頼者もいました。

　もとより、依頼者の希望通りに交渉や裁判が進行するとは限りません。和解などによって現実的な解決を試みる時に、依頼者の真の希望に沿わない解決案を提案しても、紛争の解決にはつながらないでしょうし、場合によっては弁護士との信頼関係に悪影響を及ぼすこともあるでしょう。

　依頼者の真の希望を把握するためには、依頼者との信頼関係を築くことに尽きます。そのためには、コミュニケーションの充実が欠かせないでしょう。

4　業務効率化のために

　独立して事務所を立ち上げれば、勤務弁護士時代には見えてこなかった法律事務所の仕事を知ることになります。法律事務所を運営するためには、依頼者と打ち合わせをして、書面を書き、裁判所に出廷するだけでは足りません。それ以外にもさまざまな業務があり、それらをこなすだけでも多くの時間を費やすことになってしまいます。

　弁護士法上、弁護士でなければ行うことのできない業務があります。そうであれば、弁護士でなくても行うことのできる業務については、できるだけ弁護士以外の者に頼み、業務の効率化を考えるべきでしょう。

　タイムチャージを除けば、弁護士にとって時給という概念はありません。労働時間の制約がない分、長時間労働になりがちですが、長時間労働になれば効率も落ち、生産性を下げることにもなってしまいます。長時間労働により心身を壊す弁護士も少なくありません。

　業務を効率化し、時間あたりの売上を増加する、弁護士業界においても、そろそろ生産性に目を向けた方が良いのではないでしょうか。

（1）IT活用による業務の効率化

　IT技術の進歩は、多くの業界における生産性の向上に寄与しました。弁護士業界ではITの活用が遅れていますが、生産性を高めるた

めには積極的に導入すべきでしょう。

　一例として、スケジュール管理が考えられます。弁護士1人で事務所経営をしているのであれば必要ありませんが、複数のスタッフによって事務所を運営しているのであれば、弁護士のスケジュールは事務所のスタッフ全員が共有しなければなりません。弁護士は法律事務所を不在にしていることが多く、その時に掛かってきた依頼者からの電話に対し、スタッフが事務所に戻る時間を伝えられないとなると、依頼者との信頼が損なわれるおそれがあるでしょう。スケジュールソフトを導入すれば、最新のスケジュールを事務所全員で共有することができます。

　クラウドを導入することも、業務効率化に役立ちます。法律事務所以外の場所でも仕事をすることができ、いちいち事務所に戻る必要がなくなるからです。ただ、弁護士の仕事はセンシティブな情報を扱う側面があるので、出先で仕事をする場合には、プライバシーが確保できている場所かどうかを確認しましょう。

　また、判例調査をする際には、判例検索サービスを活用するべきでしょう。最近は費用も低額になっているので、少なくとも1社の判例検索サービスを導入すべきと思います。すぐ近くで判例を検索できる環境にあれば別ですが、そうでなければ調査に赴く時間を無駄にすることになります。

　その他、ビジネスユースのSNSを活用し、事務所内における連絡はチャットを利用したり、書面の記録をPDF化して持ち歩く記録の分量を減らしたりするなど、ITによって効率化できる分野は少なくありません。

　ただ、ITを活用する際には必ず情報セキュリティを考慮に入れましょう。特にクラウドのように第三者にデータを管理させる場合、流出等の事故が起きないような措置を講じることが必要になってきます。

（2）事務職員の活用

　弁護士だけでも法律事務所を経営することはできます。最近では、事務職員のいない法律事務所もめずらしくなくなりました（多数の支店を持つ弁護士法人でも、事務職員のいない支店があったりします）。

　その理由は、人件費にあると思います。正社員として事務職員を採用し、公租公課を負担すれば、1人あたり年間約300万円以上の人件費が発生します。独立直後の弁護士にとっては、大きな金額でしょう。また、最近は弁護士向けの電話代行サービスも増えており、電話対応だけならこれらのサービスを活用すれば十分という考え方の弁護士もいらっしゃるのだと思います。

　それでも、筆者は事務職員を採用すべきだと考えます。その理由は、事務職員がいれば弁護士が雑用に取られる時間が少なくなり、弁護士としての業務に集中できるからです。郵便物を出したり、書証の写しを作成したり、印紙や郵券を購入したり、消耗品等を購入・整理したりと、法律事務所の雑務は意外とたくさんあります。これらの仕事を弁護士がすべて行うとなると、労働時間がかなり長くなってしまいます。

　また、電話代行サービスの質が向上したとはいえ、不特定多数の電話を代行する業者と、やはり事務所専属の事務職員との間では大きな差があります。電話先の人物がお客さまなのか、相手方なのか、裁判所なのか、それを判断することは代行業者には難しいですし、弁護士がいつ事務所に戻るかを伝えることもできません。新規のお客さまから相談の依頼があった場合、弁護士のスケジュールを把握している事務職員であれば、すぐに相談の予約を入れることもできます。

　忙しくなると、弁護士自身は弁護士としての業務に集中し、他の作業まで意識が回らないことがあります。そんな時でも、信頼できる事

務職員がいれば、安心して弁護士としての仕事に打ち込むことができます。

勤務弁護士がいる場合、経営者弁護士（ボス弁）に言いづらいことでも、事務職員であれば話しやすいということもあるでしょう。事務職員の存在は、間接的には事務所人間関係を円滑にするという効果もあります。

このように、事務職員の存在は、支払う人件費以上のメリットがあります。もちろん、事務職員自身の性質にもよるので、問題のある人物を採用すると逆効果になりますが、信頼できる人物を採用できればその効果は大きいでしょう。

なお、筆者は独立直後、事務職員のいない1人事務所でした。しかし、1ヵ月ほどすると、弁護士業務以外の仕事で多くの時間が取られていることに気づき、独立から3ヵ月後には事務職員を採用しました。

（3）アウトソーシングの活用

業務を外部に依頼するアウトソーシングは、さまざまな業界において取り入れられています。弁護士業務のうち、非弁行為に該当するアウトソーシングをすることは許されませんが、それ以外の業務で、情報セキュリティ上問題がなければ、アウトソーシングについても検討すべきであると考えます。

その代表例は、確定申告を始めとする税務でしょう。弁護士自身が帳簿をつけ、確定申告をすることも可能ですが、それには会計の知識と時間を要します。弁護士業務に集中するためにも、税務関連については顧問税理士に依頼したほうが良いでしょう。税理士と顧問契約を結べば、税務に関して気軽に質問することもできますので、支払っている費用以上のメリットがあります。

　ほかにも、労務管理を社会保険労務士に依頼したり、ホームページの管理を信頼できる業者に依頼したりすることもできます。事務所内部のスタッフのみならず、アウトソーシングを活用することで、弁護士が本業に費やす時間を増やしてゆくべきでしょう。

弁護士の「働く時間」

　「時間を売ってお金を買う」弁護士の仕事をこう評した人がいました。表現は良くないものの、弁護士の仕事の一面を捉えていると言えます。弁護士がサービスを提供するためには、時間を費やさなければなりません。一概にはいえませんが、多くの時間を費やせば、多くのサービスを提供できる傾向があります。ただ、それが依頼者にとって良いサービスかどうかは別問題ですが……。

　独立して事務所を経営する弁護士には、労働時間という概念はありません。長時間の深夜残業をしても、経営者である以上、残業代が支払われるわけではありません。そうすると、時間単位におけるサービスの量と質をどれだけ高めることができるかが、重要になるわけです。

　労働時間が長くなれば、健康上の被害が生じるリスクが高まります。昭和の時代であれば、「気合で乗り切る」という考え方もあったのでしょうが、令和の世においては、適切なタイムマネジメントを行い、十分な休息によって得られるパフォーマンスの良い状態を維持して働きたいものです。

5 請求する立場での仕事

　ここからは、具体的な弁護士業務について触れてゆきましょう。最初は、請求する立場、訴訟では原告代理人に当たる立場としての仕事内容について触れます。

（1）受任通知の送付

　事件の依頼を受け、受任したら、原則として書面で相手方に受任通知を送付するべきでしょう。受任後はできるだけ早く受任通知を送付したほうが良いので、受任した当日中、遅くとも翌営業日には発送するべきでしょう。受任通知を送ることで、依頼者が紛争から開放されるというメリットがあるのですから、速やかな受任通知は依頼者にとっても大きなメリットになります。ただし、仮差押申立など、機密性が求められる事柄の場合は、機密性が必要なくなった段階で良いと思います。

　受任通知を送付する相手ですが、すでに相手方に代理人が選任されているケースであれば、その弁護士事務所宛に送るべきです。そうでないケースは、住所地に送付することが一般的であるといえるでしょう。普通に生活している一般の方にとっては、弁護士からの書面はある程度のインパクトがあります。相手方が個人の場合、勤務先や関係している団体等を送り先にすることは、特段の事情がない限り避ける

べきでしょう（不貞行為に基づく損害賠償の通知など、相手方の名誉に関わるような通知は、特に配慮すべきです）。

■受任通知書（例）

令和○年○月○○日

〒○○○ - ○○○○
○○県○○市○○
○○　○○　殿

〒333-0811
埼玉県川口市戸塚2-21-31
ベルエリゼ201号室
南埼玉法律事務所
TEL：048-452-8470
FAX：048-452-8944
○○代理人
弁　護　士　高倉　光俊

受　任　通　知

前　略
　当職は、○○の件につきまして、○○の代理人に就任いたしましたので、本書をもって通知いたします。貴殿の令和○年○月○日付メールにつきましては、追ってご回答いたします。
　なお、今後のご連絡は、当職までいただき、○○氏本人には連絡なきよう、お願いいたします。

草　々

（2）裁判外での交渉

　裁判所において紛争を解決するよりも、裁判を起こす前に紛争を解決できたほうが良いことはいうまでもありません。我が国では「裁判沙汰」という用語があるように、裁判そのものに対してネガティブな印象も持っている方も少なからずいらっしゃいます。また、裁判外で解決するほうが、短期間で済みますし、訴訟費用を負担しなくて良いというメリットもあります。しかしながら、相手に支払う意思がない場合や、支払う資力がない場合は、ただ時間だけが経過し、解決に近づかないことになります。

　したがって、裁判外での交渉に臨むにあたっては、どのタイミングで裁判所に持ち込むかを考えておかなければなりません。そして、裁判所に持ち込んだ場合において、有利な解決を図れるだけの証拠を集めておくことが重要です。

　交渉の方法はさまざまで、事案の内容や相手方の性質によって異なります。共通する点は、まず書面によって請求を行い（「通告書」「通知書」等の見出しを付けることが多い）、その回答を書面ないし電話等で聞くこと、回答を受けて、訴外で交渉を継続できる案件なのか、それとも裁判に持ち込む案件なのかを判断するという過程を経ることでしょう。

　なお、最初から交渉が不可能である事案（相手方が交渉に応じないことが受任時に明らかな事案や、行方不明、資力がなく保全の必要性がある事案など）は、交渉で時間を使うことなく、速やかに訴訟を提起するなどして、裁判に持ち込むべきでしょう。子の引渡しなど、時間の経過が不利に働いてしまう事案も同様です。

　交渉の場合、期限というものがありません（当事者が一方的に期限を設定することがありますが、必ずしも拘束されるものではありませ

ん）。したがって、回答がなく時間だけが経過することもめずらしくはありません。そのような場合は、催促をした上で、応じなければ裁判に持ち込むべきでしょう。請求する側にとっては、時間の経過はネガティブな要因として働きます（消滅時効の問題のみならず、紛争時から時間が経過すれば当事者も事案について忘れる可能性がありますし、「請求の意欲が弱い＝負け筋案件と代理人が考えている」と裁判官が心証を持つリスクもあります）。

　したがって、交渉が平行線になったと思ったら、次の手続きを検討すべきでしょう。もちろん、負け筋の案件だったり、裁判を依頼者が望まないのであれば、訴訟に持ち込まずに依頼を終了するという選択肢もあります。

　ちなみに、交渉において相手方本人と直接会うべきかという点がよく問題になります。この点は弁護士によって異なると思いますが、筆者個人は、当事者間の対立が強い案件については、原則として直接会うことは避けるべきであると考えます。相手方の言い分を聞かされるだけで、解決へのメリットが少ないと考えるからです（隠し録音を編集されたり、脅迫されたなどと言われるリスクもあります）。最近、弁護士が不貞行為の相手方である女性と直接接触し「誠意が見られなければ教育委員会に通告することも検討している」と述べたこと等に基づき、業務停止1ヵ月という重い懲戒処分を受けた事例がありました。その弁護士や事件の関係者は、筆者のまったく知らない人物なので、どのようなやりとりがあったのかは知りませんが、相手方本人と直接接触することは、リスクが伴うことを認識すべきであることは間違いないでしょう。

　もっとも、企業法務案件など、相手方も法人であり、担当者と話し合うようなケースは、直接面会しても良いと思います。企業法務案件の場合は、感情的にならず、具体的な解決案を探ることができる可能性が高いからです。また、相手方が弁護士を選任している場合、代理

人である弁護士と面会することは、積極的に考えて良いと思います。訴訟外で交渉がまとまらなくても、相手方代理人との間で双方が納得できる解決基準（いわゆる「落としどころ」）が共有できれば、後に訴訟に至った時に和解で解決できる可能性が高くなるからです。

　なお、当事者がそれほど対立しておらず、紛争性が弱いケースや、大筋の合意がなされており、細部を詰めるだけというケースであれば、直接面会して話を詰めたほうが良いと思います。

（3）裁判手続の移行

　裁判に至った段階において、原告ないし申立人の代理人としてどのような書面を作成し、どのような書証を集めるべきかという点は、司法研修所をはじめとするさまざまな研修で取り上げられていると思います。また、民事弁護に関する書籍も多数出版されていますので、それらの書籍を参照いただくほうが良いでしょう。

　本書においては、筆者が心がけている２点について述べたいと思います。それは、①訴状においてすべての主張と証拠を提出すること、②書面は期日の１週間前までに提出することです。

①　訴状においてすべての主張と証拠を提出すること

　民事訴訟は、訴状を裁判所に提出することで提起することができます（民事訴訟法133条１項）。そして、「訴状には、請求の趣旨及び請求の原因（請求を特定するのに必要な事実をいう。）を記載するほか、請求を理由づける事実を具体的に記載し、かつ、立証を要する事由ごとに、当該事実に関連する事実で重要なもの及び証拠を記載しなければならない」（民事訴訟規則53条１項）と定められています。かかる法令の定めからすると、訴状を提出する段階で、請求が認容されるた

めに必要な主張と書証を提出することが求められていると考えることができます。すなわち、訴状と書証の内容を読んだ裁判所に対し、請求が認容されるという心証を与えなければなりません。そのための主張と書証を揃えるのが原告の義務で、裁判所に求釈明をしなければ請求が維持できないのであれば、訴訟に馴染む事案ではないのでしょう。

　第1回期日において、裁判所の心証を固めてしまえば、原告の主張を軸に訴訟を進行することができます。もちろん、被告からの反論がありますが、確たる証拠があれば、それに基づいて対処すれば問題ありません。なお、予想される反論については、訴状において先に記載した上、再反論を事前に出しておくと良いと思います。反論が出ないことを期待して黙っておくことは有効ではありません。仮に被告が気づかなかったとしても、裁判所は気づいていることが多いので、裁判所の疑問を取り払っておくべきでしょう。

②　書面は期日の1週間前までに提出すること

　裁判所に提出する書面は、裁判官が読まなければ意味がありません。したがって、少なくとも次回期日の一週間前までには書面を提出すべきでしょう。裁判所から書類提出期限が決められているのであれば、その期限までに提出すれば大丈夫です。

　恥ずかしい話ですが、書類提出期限を守らなかったり、弁論期日の前日や当日に書面を提出したりする弁護士も少なくありません。我が国の裁判官は真面目な方が多く、前日に書面を提出しても書面を読んで期日に臨んでいると聞きますが、弁護士の怠慢で裁判所や相手方に迷惑をかける行為は慎むべきです。民事訴訟規則79条も「答弁書その他の準備書面は、これに記載した事項について相手方が準備するのに必要な期間をおいて、裁判所に提出しなければならない」と明文をもって定めているのですから。

（4）和解の模索

　我が国の民事訴訟の大半は和解によって終了しています。10年以上弁護士経験のある筆者も、欠席判決を除けば、8割近い民事訴訟が和解によって終了しているように思います。

　したがって、有利な判決を得ること以上に、依頼者が納得する和解を成立させることが重要になります。原告側の立場からすれば、裁判所に請求認容の心証を固めさせた上で、原告にとって有利な和解案を引き出し、裁判所から被告を説得する形の和解を目指すべきであると考えます。

　もっとも、依頼者が和解による解決ではなく、あくまで判決の取得を希望しているのであれば、そのメリットやデメリットを伝えた上で、判決を取得する方針を取るべきであると考えます。その場合は、裁判所にも「あくまで判決をいただきたい」と伝え、和解期日等で無駄な時間を要しないよう気をつけなければなりません。

（5）第一審の判決を受け取ったら

　裁判上での和解が成立しなければ、裁判所は判決を出すことになります。第一審である裁判所の判決を受け取ったら、その内容を依頼者に伝え、次のアクションを検討しましょう。

① 請求が全部認容された場合

　相手方に対し、判決の通りの義務を履行するか否かを確認しましょう。判決の通り履行するのであれば、それを待つことになります。控訴する場合は、第二審において裁判が係属することになります。

　なお、仮執行宣言が付いている場合は、強制執行を検討することになります。

②　請求の一部ないし全部が棄却された場合

　依頼者に控訴するか否かを相談することになります。その際には、判決文を熟読し、控訴審における見通しも伝えなければなりません。その上で、控訴する場合には控訴状を控訴期間内に提出します。控訴期間を過ぎることは、弁護過誤に該当しますから、控訴期限については十分に注意しましょう。

　控訴しない場合、請求が認められた範囲において回収を試みることになります。相手方に連絡し、任意の履行がなされるか確認した上で、強制執行の有無を検討することになるでしょう。なお、一部認容の場合は、相手が控訴する可能性もあるので注意が必要です。

　なお、控訴した場合は、控訴理由書の提出期限についても注意しましょう。

（6）強制執行について

　和解や判決によっても回収できず、満足を得ることができない場合もあります。その場合、強制執行をどこまで続けるかは、把握できる相手方の資産等に照らし、依頼者とよく相談すべきでしょう。仮差押え等で保全されていれば別ですが、そうでなければ強制執行すべき財産を見つけることは簡単ではありません（簡単に見つかる資産を持っている相手方は、任意の履行が見込めるからです）。

　強制執行によって債権を差し押さえたとしても、第三債務者が履行を拒むことがあります。正当な理由なく拒む場合は、取立訴訟も検討しなければなりません。

（7）事件の終了

　相手方から弁済があるなど、請求が履行された場合、事件は終了になります。他方、紛争解決に至らず依頼が終了することもあります。途中で辞任・解任することや、依頼者が裁判を望まず、交渉終了時点で終了となることもあります。また、請求を認容する確定判決があるものの、回収できないケースもあります。

　事件を終了した場合は、依頼者に対して終了報告をしなければなりません。その際、実費や報酬金の請求をすることになります。報酬は原則として費用契約書に記載した内容で請求するべきですが、想定よりも経済的利益を高く見積もっていた場合などは、契約書に記載されている額よりも低い金額で請求することもあろうかと思います。しかしながら、弁護士から、費用契約書に記載された以上の金額を提案することは避けるべきであると考えます（もっとも、依頼者の方から費用の増額を申し出た時は、ありがたくそのご提案を受けるケースもあるでしょう）。費用契約書作成時に想定した以上の労力を要し、契約書記載の報酬では「割が合わない」というケースは決してめずらしくありません。しかし、それは弁護士に事案を見通す力がなかったものと反省し、受け入れるべきです。報酬金は、結果に対する対価であり、労力に対する対価ではないのですから。

Column
受任通知の内容

　受任通知は、「○○氏の代理人として弁護士である当職が受任しました」ということをお伝えする書面です。したがって、最低限受任した事実が記載されていれば、受任通知としての役割を果たすことがで

きます。

　これに加え、請求する内容について記載したり、依頼者が受けている請求に対する反論を記載したりすることもあるでしょう。ただ、内容証明郵便の場合、書式が決められており、資料等を添付できないので注意が必要です。

　また、受任通知の最後に、「本件につきましては当職が全面的に受任しましたので、連絡はすべて当職宛とし、○○氏には直接ご連絡しないよう付言します」という文言を添えることがあります。これによって、依頼者本人が紛争の矢面に立つことを防ぐことができます。

　ただ、対立が激しくない面会交流など、当事者同士が直接やりとりしたほうがスムーズに進むこともあります。家事事件については、上記のような文言を入れないこともあるでしょう。

6 請求される立場での仕事

　次に、相手方から請求をされている立場、訴訟では被告代理人としての業務内容について触れたいと思います。

（1）受任通知の送付

　いずれの立場においても、受任後は速やかに受任通知を発送します。特に請求される立場の場合、すでに紛争に巻き込まれている状況にあるので、一日も早く受任通知を発送し、弁護士による対応を開始する必要があります。

　ただ、請求される立場の場合、受任通知送付後、依頼者と連絡がつかなくなることがあります（弁護士費用の支払いが完了していないケースが多い）。このような事態を回避するため、弁護士によっては、費用の支払いがあるまで受任通知を送らないという考え方をしている方もいるようですが、筆者は受任後すぐに受任通知を出すべきであると考えています。弁護士費用を支払わないで連絡の取れなくなる依頼者は決して多くはありません。筆者の10年以上の弁護士経験のうち、遭遇したケースは数件しかありません。むしろ、依頼したにもかかわらず、受任通知すら送らないような弁護士を、依頼者が信頼するとは思えません。

（2）　交渉ないし裁判

　請求される立場には、大きく分ければ２つのケースがあります。①請求される内容に争いがないケースと②請求される内容に争いがあるケースです。事件を進める方針についても、大きく異なりますので、それぞれについて考えてみようと思います。

①　請求される内容に争いがないケース

　相手方からの請求に理由があることは認めるが、支払うべき金銭がないというケースで、債務整理事件はこの典型と言えるでしょう。このようなケースにおいては、請求そのものを認めた上で、分割払等の支払方法について交渉することになります。このとき、強制執行を受けるリスクを勘案しながら方針を検討することになります。強制執行を受けることで資産を失うケースでは、ある程度を譲歩せざるを得ません。

　差し押さえられる資産がないなど、強制執行のリスクがなければ、長期における分割払いなどの交渉をすることもできます。

　さらに、収入と債務額を勘案して、支払不能に至っているケースであれば、破産申立を検討することになります。もっとも、破産申立は裁判所における手続きですから、書面の提出等において、依頼者が破産申立に協力しなければ進めることはできません。詳細については後述しますが、依頼者が破産申立を希望したとしても、常に破産が認められるわけではないことを踏まえ、方針についてはよく相談すべきでしょう。

②　請求される内容に争いがある場合

　先ほど、「請求する立場の場合、時間の経過はネガティブ要因とな

る」旨を述べました。これを逆の立場から述べれば、「請求される立場は、時間の経過がポジティブ要因になる」ことを意味します。すなわち、紛争発生から裁判までの時間が長ければ、紛争関係者の記憶の減退や証拠の散逸が生じ、場合によっては時効によって請求権が消滅することもあるからです。

　したがって、請求される立場における基本方針は「塩漬け」、すなわち消滅時効期間が満了するまで放置する方法です。そのため、相手方に対し、事件の進行について積極的に催促する必要はありません。もっとも、相手の請求に対してはすぐに反論し、相手方が主張しなければならない状態（球技にたとえ、「ボールを持った状態」とも呼ばれています）を長時間にする必要があります。すぐに反論していることが、裁判に至った場合に「被告は勝ち筋の事件と見ている」という心証を与える場合もあるからです。

　なお、請求の一部については争わない場合は、最初から争いのない部分を支払う旨伝えるべきでしょう。「○○の範囲は支払うが、それ以外については支払いの義務はない」と主張し、その主張を一貫させるべきです。相手方の性質にもよりますが、認める部分のみの支払いで解決する場合もありますし、相手方から、認める範囲＋少しの上乗せでの提案が出ることもあります。争いのない点について早期に争点から外すことで、解決までの時間を短くすることができるのです。

　訴訟提起や審判申立など、裁判所に持ち込まれた場合は、請求する立場と同様に、答弁書（請求の趣旨を認否するだけで、詳細について準備書面において述べると記載する「三行答弁書」を提出する場合は、最初に提出する準備書面）にすべての主張を記載し、所持している証拠をすべて出します。かかる方法によって、第1回（擬制陳述の場合は第2回）弁論において請求棄却の心証を裁判官に植え付けます。その後は原告側の新しい主張を、自身の主張および証拠に基づいて反論し、裁判所から和解勧告があれば、速やかに支払える範囲の和解案を

提示すべきです。

　負け筋案件であれば、和解解決を念頭とし、裁判所を巻き込んで積極的に和解手続に参加します。勝ち筋案件であれば、あえて和解解決を目指す必要はなく、請求棄却の判決を得る方向で動いて良いと思います。ただし、裁判所は和解による解決を目指すべきことを第一に考えていますし、早期の紛争解決には和解による終了がベストなのですから、依頼者が明確に反対の意向を持っていない限りは、できるだけ和解を検討すべきでしょう。もし被告から和解を打ち切る際も「被告としては和解による解決を臨んでいるのだが、原告が無茶な請求をするから和解に応じられなかった」等、できるだけ被告のせいで和解ができなかったわけではないことを言外に述べると良いかもしれません（ただし、原告の請求を「無茶な請求」と裁判所が捉えていない場合は、弁護士の能力を疑われることになるかもしれません）。

（3）敗訴時の対応

　裁判所の手続きにおいて和解ができず、判決や審判に至った場合、まずはその内容について上訴するか否かを依頼者と検討することになります。想定よりも高額になっても、さらに争う必要はないという判断であれば、判決等によって認められた義務を履行して終了になるでしょう。もっとも、相手方が上訴する場合もあるので、確定するまでは様子を見たほうが良いと思います。なお、上訴する方針であっても、仮執行宣言が付いている場合は執行のリスクがあることに注意しましょう。

　なお、支払義務を認める判決が確定したにもかかわらず、支払わないという方もいます。そういう方に対しては、強制執行のリスクを伝え、確定判決等に記載ある通り支払うよう伝えることはできますが、

弁護士の立場としてそれ以上に支払いを強制することはできないでしょう。

（4）紛争の解決および終了報告

　交渉の成立や裁判での判決・和解により紛争が解決した後は、請求する側に立った場合と同様に、終了報告を行います。この時、和解または判決によって認められた請求権については、決められた期限通りに履行するよう伝えなければなりません。なお、途中で信頼関係が崩壊し、契約が終了することもありますが、これも請求する立場と同様に、受領している弁護士費用をどのように扱うかなど、よく話し合わなければなりません。

　もっとも、請求される側の場合、訴訟が提起されず、そのまま請求が途絶えることもあります。いわゆる「塩漬け」に成功した事案ですが、どのタイミングで終了とするかは悩ましいところです。確実なところであれば、消滅時効期間が経過した段階で、終了として扱うことになるでしょう。事案によっては、それより早く終了報告をすることもあるかと思います。

　ちなみに、消滅時効期間が経過したとしても、こちらから積極的に時効援用の主張をする必要はありません。先方が忘れているのであれば、そのままにすれば良いのですから。もっとも、依頼者が弁済したり、債務の承認となるような行為をしないよう、ちゃんと連絡しておくべきでしょう。

Column
支払能力がない人から依頼されたら

　相手の請求には理由があって、支払義務があることはわかっているが、お金がないので支払えない……このような主張がされることも、めずらしくはありません。そのような方から依頼があったとき、弁護士はどのように対応すべきでしょうか。

　まず確認すべきは、まったく支払う能力がないのか、分割払いであれば支払いが可能であるのかを確認すべきでしょう。後者であれば、分割払いの交渉について受任するということが考えられます。

　前者の場合ですと、破産申立を検討することになります。もっとも、破産事件は決して簡単な手続ではありませんし、依頼者が免責不許可事由に該当する行為を繰り返している場合は、免責されない場合も考えられます。そもそも破産者となる依頼者が破産手続に協力的でなければ、破産手続を進めることはできません。

　支払能力が皆無で、かつ破産もしたくない……そういった場合、弁護士として提供できる法的サービスを見つけることは難しいでしょう。訴訟が提起されているケースにおいて、被告訴訟代理人として受任することもあるでしょうが、請求に争いがない以上は時間稼ぎの要素しかなく、特別の事情がなければ受任をする意味がないように思います。

　また、支払能力がない依頼者から、どのように弁護士費用をいただくか、という問題もあります。民事扶助を利用しない場合は、分割払いを検討することになるでしょうが、合意した弁護士費用を回収できないリスクも考慮に入れなければならないでしょう。

7 離婚事件の進め方

　一般民事事件を扱う法律事務所においては、離婚事件の相談が大きい割合を占めることがめずらしくありません。地方自治体や弁護士会における法律相談では、離婚の相談が大半を占めることもあります。また、家庭裁判所における夫婦関係調整調停事件（いわゆる離婚調停事件）において、弁護士を代理人として選任するケースも増えています。

　ただ、離婚事件と一口にいっても、その種類はさまざまです。配偶者と離婚したいという相談から、不貞行為の相手方に対する損害賠償請求や、養育費の支払請求、子の引渡し、面会交流の請求などの数種類の請求が、ときには複数同時に進行することにもなるのです。

　また、離婚事件は感情のもつれが原因になっていることが多いので、感情的になってしまう依頼者も少なくないことに留意しなければなりません。

（1）受任から交渉

　依頼者から離婚事件を受任した場合、原則としては相手方に受任通知を送り、裁判外の交渉で解決を目指すことになるでしょう。ただし、DV の保護命令、子の引渡しの請求申立など、急を要する事案であれば、すぐに裁判所へ申立てを行うべきです。特に子の引渡しの申立て

は、未成年者と引き離されてから申立てをするまでの時間の長短が審判で考慮されることもあるので、速やかに申立てを行うべきです。

（2）調停・審判の申立て

　交渉で解決しない場合、裁判所に調停を申し立てます。我が国の法制度においては、離婚訴訟は調停前置主義を採用しているため、家庭裁判所に離婚の調停を申し立てることになります。この際、婚姻費用分担請求、面会交流などを合わせて申し立てることもあります。

　どのタイミングで調停を申し立てるかというタイミングは難しいところです。当事者の性格や、相手に代理人が選任されているか否かによっても異なりますが、筆者は数回の交渉で解決の方向性が見えなければ、調停を申し立てることが多いように感じています。訴訟と異なり、調停は話し合いですので、裁判所に申立てを行ったとしても、必ずしも対立関係が深まるというわけではありません。むしろ調停委員という第三者を入れることで、解決の道が見えてくることも多いでしょう。ただし、裁判外で解決できそうな事柄まで、調停を申し立てる必要はありません。調停のデメリットとしては、時間がかかってしまうという点があります。調停を申し立てることなく解決できればそれが一番です。もちろん、調停申立後に裁判外で解決し、その後調停を取り下げるという選択肢もありますから、調停申立後も可能であれば交渉を続けるべきでしょう。

　子の引渡しに関する案件は、前述の通りすぐに審判を申し立てるべきです。法律上調停を申し立てることも可能ですが、急を要する事案ですので、すぐに審判を申し立てるべきでしょう。

　なお、慰謝料請求のみを行う場合は、調停を経ずに訴訟を提起することができます。

（3）人事訴訟

　離婚調停が不成立に終わると、人事訴訟を提起するか否かを検討します。家事事件手続法別表第２事件（婚姻費用分担、面会交流など）は調停の不成立により自動的に審判手続に移行しますが、一般調停である離婚調停は、自動的に人事訴訟に移行するわけではありません。

　人事訴訟を提起すべきか否かという点は、事案の性質や依頼者の意向も踏まえ、よく検討すべきでしょう。無理筋な事件で人事訴訟を提起し、敗訴した場合、離婚が遠のく可能性もあります。特に別居期間が短いような事案や、有責配偶者からの離婚請求の場合は、見通しや和解での解決の可能性を見極めた上で、依頼者とよく相談して方針を決めるべきでしょう。

　離婚訴訟では通常の民事訴訟と同じか、それ以上に裁判官から和解を勧められます。依頼者の意向もあるので簡単ではありませんが、和解による解決を目指すことが良いのは、通常の民事訴訟と同様です。

（4）終了後のことも考えて

　我が国でも共同親権についての議論が始まりましたが、本書の執筆時である令和２年４月においては、離婚後は父母のいずれかが単独の親権者となります。しかしながら、親権者とならなかった親であっても、親子としての縁が切れることはありません。

　夫婦は離婚によって他人になりますが、子どもの父親、母親という関係は続きます。子どものいる夫婦の離婚においては、事件終了後も未成年者の子どもを通じて繋がりが残るのです。この点は、事件が終われば関係が終了する一般的な民事訴訟と異なる点です。

　具体的には、養育費と面会交流があります。離婚成立後も、養育費の支払義務がありますし、非監護親との面会交流の機会も設けなければなりません。養育費の支払いは別れた夫婦が顔を合わせる必要はないのですが、幼い未成年者の面会交流についてはそうもいきません。面会交流を支援する第三者機関も存在しますが、すべて任せきりにするわけにはいかないのです。

　現在の法制度上、面会交流を強制執行によって実現することは決して簡単ではありません。面会交流を実現するためには、監護親との協力がなくてはなりませんが、弁護士を入れてまで離婚した元配偶者と、関係が良好であることは少ないでしょう。だからこそ、代理人たる弁護士は、離婚後の交流のことを考えて、手続きを遂行してゆかなければならないのです。相手を攻撃する主張は、証拠に基づいた要件事実上必要な主張に留め、意味のない攻撃はしないようにすべきだと思います。依頼者本人は相手を攻撃する主張をしたがる傾向がありますが、それを思いとどまらせるのも弁護士の仕事です。人事訴訟によって離婚できたとしても、子どもと会えなかったり、何度も面会交流調停の申立てをされたり（過去に調停が成立していても新たに申立てをすることは可能です）、養育費の支払いがスムーズにされなかったりするなど、紛争が長続きしてしまえば、長期的には依頼者にとってメリットではありません。

　当事者が感情的になるのは当たり前のことで、それを非難するものではありませんが、依頼者と一緒になって感情的に相手を攻撃する弁護士であっては品位を疑われることでしょう。

夫婦関係調整事件とは

　離婚を目的として申し立てる調停を、多くの弁護士は「離婚調停」と呼んでいます。しかし、家庭裁判所においては「夫婦関係調整」調停事件と表記しています。夫婦関係調整事件の中に、「離婚」と「円満調整」があるという枠組みです。あまり多くはないのですが、「夫婦関係調整（離婚）」調停事件でも、円満に調整できて調停が成立することもあるのです（逆に「夫婦関係調整（円満）」調停事件で離婚する内容の調停が成立することもあります）。

　我が国の法律では、離婚訴訟を提起するためには、先行して調停を申し立てなければなりません。これは、夫婦間のトラブルについては、調停という話合いの手続きが望ましいことから、できるだけ調停によって解決しようという考え方に基づくものです。

　離婚事件について受任した場合、協議離婚が難しければ調停を申し立てることになるでしょう。調停期日においても弁護士が参加することになりますが、離婚事件についてはできるだけ依頼者本人にも参加していただいたほうが良いように思います。なぜなら、調停には「話を聞いてもらって気持ちを整理する」という面があり、当事者本人でなければ問題の原因がわからないことがあるからです。特に、離婚したいのか、離婚したくないのかという点については、その理由も含めて当事者に語ってもらわなければ紛争の実態を知ってもらうことができません。

　もちろん、法律の専門家として調停に参加する以上は、離婚訴訟も視野に入れ、法律論を展開すべきでしょう。調停は必ずしも主張書面や書証を提出する必要があるわけではありませんが、争点を整理し、自身の主張を根拠づけるためには、調停段階においても積極的に主張書面や書証を提出したほうが良いと思います。ただ、依頼者が調停段階における提出を望まない主張や書証がある場合もあるので、そのような場合は依頼者とよく話し合うべきでしょう。

8　交通事故事件の進め方

　損害保険における弁護士特約が普及したため、交通事故の被害に遭われた方が弁護士に依頼するケースが増加しました。さらに、リーガルアクセスセンター（通称LAC）から、交通事故の相談が配点されることもあり、比較的若手のうちでも、交通事故事件を受任することは少なくないでしょう。そのせいか、若手弁護士を対象とした交通事故のマニュアル本も多数出版されていますので、ここでは概要とポイントをお伝えしようと思います。

（1）相談から受任まで

　損害保険会社を顧客に持つ場合でない限り、加害者側の代理人になるケースはあまり多くはないでしょう。独立当初の若手弁護士にとって、多く寄せられる相談は被害者からの相談です。

　相談を受ける際、まず確認すべきは弁護士特約を利用できるか否かという点です。弁護士特約を利用できれば、法律相談料を含め弁護士費用を保険会社が負担するので（無制限ではありませんが）、依頼へのハードルが低くなります。他方、弁護士特約がない場合は、回収できる金額よりも弁護士費用の方が高く、費用倒れになることも少なくありません。特に加害者が任意保険に加入していない物損事件では、勝訴判決を得ても回収ができないというケースもあるので、依頼する

ことについての費用対効果をよく説明すべきでしょう。

次に確認すべきは、事故の日時、場所、当事者、態様など、事故に関する情報です。交通事故証明書や保険会社作成の資料を持参いただくと、スムーズに話を聞くことができます。場所の特定には、相談室にパソコンやタブレット等を持ち込み、インターネット上の地図情報を参照しながら話をするとわかりやすいでしょう。

事故の態様がある程度把握できたら、損害について確認します。損害には死亡や怪我などの人身損害、車両損壊などの物的損害があります。

人的損害については、怪我の内容、入通院状況、後遺症の有無を確認する必要があります。症状固定前か否かも必要です。診断書や診療報酬明細など、診療に関する記録があれば持参いただくと良いでしょう。物的損害については、損壊した物が何かを確認しなければなりません。車両が損壊したのであれば、時価を調べる必要があるので、車検証等車両に関する資料を用意いただくことになります。また、修理費用の請求書や領収書などがあれば、用意いただくことになるでしょう。

さらに、すでに保険会社等と交渉している場合は、交渉の経緯を聞き取る必要があるでしょう。

以上をまとめますと、相談の時に相談者に持参いただきたい資料としては、交通事故証明書等の交通事故に関する資料、診断書等の人的損害に関する資料、車検証や修理費用請求書等の物損に関する資料です。もっとも、自治体や弁護士会の法律相談では、資料が揃っていない場合も多いでしょうから、そのような場合は用意いただいた資料から見通しを説明しなければなりません。

相談を受けて、論点を把握したら、今後の手続きと見通しを相談者に説明し、依頼をするか否かを打診すべきでしょう。依頼者が弁護士の見通しに納得できないのであれば、仮に依頼者が依頼を申し込んだ

としても、受任すべきでないと考えます。そのような事件の依頼を受けると、トラブルに発展する可能性が高いからです。

（2）受任した後

　交通事故以外でも同じですが、まずは相手方に受任通知を送付するべきでしょう。相手方が任意保険を契約していれば、その保険会社に対して受任通知を出し、その保険会社の担当者と交渉することが一般的でしょう。

　次に、事故の態様および損害に関する資料を収集します。交通事故証明書は必須で、人身事故で過失割合に争いがあるような場合には、実況見分調書等の刑事事件の資料収集もすべきです。損害の資料としては、診断書や診療報酬明細等の医療記録、修理費用の請求書や見積りなど、物損に関する資料を集めることになります。

　相手方との交渉は、人身損害があり症状固定前か、そうでないかで進め方が若干変わります。症状固定前ですと、治療費や入通院慰謝料等が発生し続けている状態なので、損害が確定していません。そのため、既に発生している損害に対する賠償のみが対象になってゆきます。本格的な交渉が始まるのは、症状固定後となるでしょう。

　症状固定後や物損のみの場合は、最終的な解決に向けて交渉を開始することになるでしょう。

（3）訴訟提起するか否か

　加害者側に保険会社や代理人弁護士が選任されていない場合など、交渉が困難な場合もありますが、一般的には訴訟前に交渉を行い、論

点を明らかにしておくべきでしょう。

　訴訟提起に踏み切るか否かは、請求額と回答額の差、依頼者の意向、弁護士特約の有無など、さまざまな事情を検討して決めることになると思います。弁護士特約を利用することが可能で依頼者に経済的負担が少なく、依頼者自身も裁判外の和解案に納得できない場合などは訴訟提起に踏み切っても良いでしょうが（もちろん、見通しを伝える必要はあります）、弁護士特約がなく依頼者自身が弁護士費用を支払う場合で、勝訴ないし費用回収の見通しが難しいケースには、依頼者の最終的な利益を考え、訴訟提起をしないという選択肢も提案すべきかと存じます。

ⓒⓞⓛⓤⓜⓝ
交通事故事件に注力する弁護士の増加

　インターネット上で「交通事故　弁護士」と検索すれば、ページ一面に法律事務所のホームページが表示されます。そのホームページの中には、交通事故のみを取り扱っているページも少なくありません。

　交通事故事件は昔からありますが、交通事故に注力する弁護士が増加してきたのは、最近になってからのように思います。その理由の一つには、保険によって弁護士費用が支払われる「弁護士特約」が広まった点があるでしょう。弁護士特約を利用しても、保険等級に影響しないことが一般的ですので、依頼者は金銭的なデメリットなく弁護士に依頼することができるからです。また、交通事故事件は発生件数が他の紛争よりも多いので、広告宣伝に力を入れれば、受任しやすいという性質もあります。

　発生件数が多いことから、比較的若手の弁護士でも交通事故事件を受任することがありますが、決して簡単な事件類型というわけではありません。自動車に対する知識や医学的な知識が必要になる場合もあります。安易に甘い見通しを話すと、後々トラブルにもなりかねませんので、注意が必要です。

9　相続事件の進め方

　相続事件のうち、紛争性がある事件は遺産分割、遺留分減殺請求、遺言無効確認請求等があります。このうち、多いものは遺産分割事件と遺留分減殺請求事件でしょう。

　遺産分割事件は対象となる財産が高額となるケースも少なくないため、受任し解決することができれば、通常の事件に比べて高額な報酬を得ることもできます。ただ、多額の財産を有している方は、すでに遺言書を作成し紛争を回避していることや、顧問税理士の知人である弁護士に紹介してしまうケースが多いと思います。近年「終活」がブームとなり、遺言書の作成もインターネット等で宣伝していることが多く、平成31年の民法改正によって自筆証書遺言の要件が緩和されたことも重なり、遺言書を作成するケースは増えているでしょう。ただ、遺言書がある場合でも、遺留分減殺請求が可能となる場合もあるので、当分は相続に関する紛争の件数は減少しないと思います。

（1）　相談にあたって

　相続に関する相談を受けた場合、まず被相続人と相談者の関係、相続人の数と各相続人と被相続人の関係を確認し、それぞれの法定相続分を割り出します。同時に、遺言書の存在と種類を確認します。公正証書遺言の場合、遺言の無効を勝ち取るためにはかなり高いハードル

があります。

　次に、被相続人の財産の内容を聞き取り、相談者が取得できる相続財産の金額を割り出します。かかる金額を頭に入れた上で、他の相続人との交渉状況を聞き取ります。

　交渉がされていない場合は、法定相続分を踏まえた遺産取得額を伝えた上で、取得を希望する金額や財産の種類（不動産等の現物が欲しいのか、金銭で欲しいのか）などを確認します。法定相続分以上であれば、特別受益や寄与分の有無についても確認をします。その上で、見通しを伝えた上で、別の相続人と交渉を開始することになります。

　すでに交渉がされている場合は、それぞれどのような主張がされていて、相談者の希望額との間にどれくらいの差があるかを確認します。その差の原因について、根拠となる事実（特別受益や遺留分に関する事実）があるのかを聞きます。根拠となる事実がなく、ただ相談者が欲しいと述べているだけでは、そのような請求は法律上難しい旨を伝えなければなりません。

　すでに交渉がされている事件であれば、財産の範囲や評価が争われているのか、特別受益・寄与分の有無が争われているのか、それ以外に問題があるのかなど、争点を整理し、相談者に説明すべきです。

（2）裁判外での交渉

　まだ交渉が何もされていない相続事件については、すべての事件に紛争性があるとは限りません。ただ疎遠になっているだけで、遺産の相続額については依頼者の意向の通りで良いというケースも少なくはないので、受任通知を送付すると同時に、意向について伺うべきでしょう。最初から交渉が困難であれば別ですが、そうでなければ裁判外での紛争解決を視野に入れるべきです。なお、遺留分減殺請求権は、

遺留分権利者が相続の開始および減殺すべき贈与または遺贈があったことを知った時から1年間行使しないときは、時効によって消滅するので、注意が必要です。

　裁判外での交渉による解決が困難である場合、遺産分割であれば家庭裁判所に調停を申し立てることになります（法律上は審判を申し立てることも可能ですが、多くの場合、調停に付されます）。遺留分減殺請求は調停申立せず、訴訟を提起することもできます。

　ところで、遺産分割事件は相続人の数が当事者数となるので、1人ないし少数の相続人が納得を得られないことから、話合いがまとまらず、調停を申し立てざるを得なかったというケースもあります。そのような場合には、話合いが付いている相続人から相続分の譲渡を受ける等の手続きをすることで、調停の当事者から外すことを検討しましょう。話合いが付いている相続人に対して無用な負担を課すべきではありませんし、当事者が少ない方が裁判所での手続きが早く進むことが期待できます。

（3）調停等の申立て

　遺産分割調停等を申し立てる場合は、戸籍謄本等規則上必要とされている書類はもちろん、主張を基礎づける資料も必要な範囲で提出すべきです。調停は話合いの手続きですが、遺産分割等家事事件手続法別表第二事件においては、審判の主張整理という側面もあります。争点になりやすい不動産の評価、生前中の引き出しなど使途不明金問題、特別受益や寄与分については、それを根拠づける書証も提出すべきです。

　当事者本人ならともかく、法律の専門家たる弁護士が、根拠となる事実を示すことなく、主張だけをする態度は避けるべきと考えます

（依頼者の手前、やむをえずという場合はあるでしょうが）。

（4）調停の進行

　比較的規模の大きい家庭裁判所においては、遺産分割調停事件は弁護士の調停委員が担当する場合があります。そうでなくても、調停委員会は裁判官または家事調停官と調停委員2名によって組織されているので、法律の専門家による手続きです。したがって、通常の訴訟と同じように、主張を整理して事実を当てはめる方法で進行してゆきます。

　民事訴訟においては、争いのある事実は証拠によって立証しなければなりません。民事事件と家事事件は性質が異なり、適用されるルールも異なるとはいえ、主張から争点を明らかにし、争点を証拠によって判断するという過程を取ることは通常の民事事件と同様です。

　だからこそ、代理人たる弁護士が争点を整理し、依頼者の有利になるための証拠を示す準備をしなければなりません。証拠が存在する主張であれば、弁護士ではない調停委員のみによって構成される調停委員会でも、主張に納得し、対立当事者を説得してくれる可能性が高くなります。ただ闇雲に主張するだけでは、調停の回数を重ねるだけで、時間だけが経過してしまうこともめずらしくありません。離婚等の調停に比べ、遺産分割調停は一般的に長期化する傾向にあります。調停での解決が難しい場合でも、できるだけ早期に審判手続に移行できるよう、証拠は早めに準備し、提出するべきでしょう。

Column
「使途不明金」問題

　遺産分割事件における難しい争点が、「使途不明金」と呼ばれる問題です。これは、被相続人の生前に、同居していた相続人がキャッシュカード等を利用して被相続人名義の口座から金銭を引き出し、取得したと主張するものです（被相続人の死後に引き出した場合も「使途不明金」と呼ばれることがありますが、被相続人の死亡によって預金口座が引き出せなくなってしまうので、多くのケースは生前における引き出しのようです）。

　この「使途不明金」の主張は、相続財産の一部として、引き出した相続人に対する不当利得返還請求権または不法行為に基づく損害賠償請求権が存在する旨の主張を意味するので、相続財産の範囲を争うことになります。遺産分割の前提問題となる相続財産の範囲は、民事訴訟によって確定されなければなりませんので、さらに民事訴訟を提起しなければなりません。

　もっとも、引き出した相続人が特別受益を受けたものとして構成し、遺産分割の枠内で解決するという方法もあります。しかし、遺産分割時の相続財産が存在しないか、または著しく少ない場合などは、この構成だと他の相続人が相続財産を取得できない可能性が高くなります。

　「使途不明金」を立証する証拠として、預金通帳の取引履歴が提出されることが多いのですが、かかる証拠のみで立証できるケースは稀でしょう。多くのケースでは、キャッシュカードによって出金されていますが、取引履歴では誰がキャッシュカードを利用して出金したかという点の記載はありません。

　例えば出金時において被相続人が意思疎通できない状態だったことが記載されている診断書と合わせれば、使途不明金を立証することは可能でしょう。ただ、被相続人自身もキャッシュカードで出金することが可能だった時期における出金については、立証は簡単ではないように思います。

10　債務整理事件の進め方

　過払金請求が華々しかった時代に比べれば減少していますが、それでも債務整理の法律相談は多く寄せられます。また、「債務整理」の文言をインターネットで検索すれば、たくさんの弁護士事務所・司法書士事務所のサイトが表示されるように、現在でもメインに扱っている弁護士も多い分野です。

　経験年数の少ない時期においても受任することが多いので、ここで相談から解決までの流れをお話しします。なお、ここでは非事業者の債務整理事件、いわゆるクレサラ整理について紹介します。事業者や法人の債務整理については、異なる点もありますので、ご留意ください。

（1）相談から受任

　事務所で債務整理の法律相談を受ける場合、現在請求されている請求書や督促状等を持参していただきましょう。「どれを持っていけば良いでしょうか」と聞かれることもありますが、その際は保管してあるものを全部持参いただくと良いと思います。現在も存在する債務か否かは、相談の時に確認すれば良いでしょう。現在では少ないケースかもしれませんが、完済した債務であっても、過払金が請求できるケースもありますので、過去の債務に関する情報も集めましょう。

　法律相談の際は、まず持参いただいた請求書等を参考に、①現在の債務額、②毎月の支払額を聞き、さらに③毎月の収入と支出、弁済の可能性を弁護士の視点から検討し、方針を決めるべきでしょう。

　返済が不可能であり、持ち家が存在しないのであれば、破産申立を検討することになります。債務額全額の返済は困難だけど、持ち家を手放したくないという方であれば、個人再生を検討することになります。返済が可能であれば、任意整理という方針になるでしょう。

　中には、返済が可能であっても、支払いたくないから破産したいという相談者もいます。しかし、破産手続は裁判所によって行われる手続きであり、簡単に処理できるものではないこと、支払不能という破産法上の要件を満たしていないと判断される可能性もあることなどを説明し、返済が可能な状況であれば、任意整理を選択すべきである旨を伝えましょう。逆に、返済が不可能な状況にあっても、破産はしたくないという方もいます。支払いが不可能な状況にあることが客観的に明らかであるにもかかわらず、継続的に支払うことを前提として債権者と和解することは避けるべきであると筆者は考えています（債権者を欺罔しているとまではいいませんが、支払えないことを認識していて分割払いの和解を成立させることは、債権者に対しては不誠実であると考えます）。そういう方の場合、依頼を受けても何もできないので、依頼をお断りするべきではないでしょうか。

（2）弁護士費用について

　非事業者で債務整理を依頼する方は、金銭的に厳しい状況に置かれている場合がほとんどです。そのため、着手金を分割払いとするケースもあると思います。その場合は、契約書に分割払いであることを明記し、毎月の支払日、支払金額、始期および終期も明記しましょう。

■債務整理事件打合せの際の聴取シート（例）

債務整理事件　事件シート

令和○年○月○○日

債務者氏名

	債務者名	最初の借入額	借入日	現在の債務額	使途	最終弁済日
1						
2						
3						
4						
5						
6						
7						
8						

不動産の有無　　　　　　　　有　　　　　　　　　無

自動車の有無　　　　　　　有（　　　年登録）　無

預金　　　　　　　　　　　　　　　円
現金　　　　　　　　　　　　　　　円
保険返戻金　　　　　　　　　　　　円
その他資産

家族構成
月収　　　　　　　　　　　　　　　円
返済可能な月額　　　　　　　　　　円
家賃　　　　　　　　　　　　　　　円

訴訟・差押えの有無

　途中で支払いが滞るケースもあります。その場合に、何ヵ月の遅滞まで許容するのかという点は、弁護士によって異なると思いますが、契約書には「○ヵ月にわたって弁護士費用の支払いがない場合は、本契約を解約する」旨の記載をすべきでしょう。

　なお、経営の観点からすると、分割払いはリスクがあるのでお勧めできませんが、困っている相談者を救うという視点も大事です。そのため、分割払いを認めるか否かは、依頼を受ける弁護士の考え方次第でしょう。

（3）債務額の調査

　受任後、直ちに全債権者に受任通知を送付するとともに、取引履歴の開示を求め、債務額を調査します。受任通知は原則として受任から24時間以内に発送しましょう。受任通知到達前に債権者から依頼者に連絡があった場合、弁護士に依頼したこと、および事務所の電話番号を伝えるようお願いしておくと良いと思います。

　取引履歴が送付され、金利が利息制限法によって規制された利息を上回る場合は、過払金を請求できる可能性がありますので、引き直し計算をすべきでしょう（近年はかなり少なくなりましたが）。

　すべての債権者から取引履歴が開示され、債務額が確定した後、再度依頼者と打合せを行い、方針を確認しましょう。最初の相談時には判明していなかった債務が存在したり、存在していると思っていた債務を弁済していたりするケースもあり、相談当初の債務額と変動している場合があります。

（4）任意整理をする場合

　依頼者の収入・支出に照らし、返済が可能な状況であれば、個々の債権者と分割払いの交渉を行います。その際、無理なく分割払いができる弁済計画案を作成する必要があります。依頼者の職業や家族構成等に鑑み、現在の収入・支出額を維持できるのかという点についても検討しなければなりません。

　債権者への返済を行うと、毎月の家計が赤字になったり、ほぼ余剰がないという状況では、分割弁済を継続することが困難になります。そういうケースでは、破産申立を検討した方が良いでしょう。

　債権者への交渉は、裁判外で行われることが多いと思います。特定調停という制度もありますが、債権者が上場している金融機関や、大手カード会社等の大規模法人である場合、解決する水準は裁判外での交渉と大きな違いがないので、弁護士が利用するケースは多くはないようです。

　なお、非事業者の任意整理の場合、交渉によって債務元本を減らすことは困難です。したがって、任意整理によって得られるメリットは、分割払いにしてキャッシュフローが破綻しないようにする点が大きいでしょう。

（5）個人再生をする場合

　依頼者名義の建物が存在する場合、破産手続を選択するとその建物を維持することができません。したがって、依頼者の自宅が持ち家である場合は、持ち家を手放して引っ越しをしなければなりません。この点、個人再生（民事再生）手続を選択することで、自宅を保有しな

がら、弁済すべき債務額を減額することができる場合があります。

　しかしながら、個人再生手続を行うには、継続して収入を得る見込みがなければなりませんし、減額した債務額より保有している資産の清算価値が高ければ、資産の清算価値に相当する金額を弁済しなければならないなど、厳しい条件があります。自宅を残したいという希望があっても、必ずしも個人再生の手続きをとることができるわけではない点に注意が必要です。

（6）破産申立をする場合

　破産申立をする場合は、裁判所に破産申立書と添付書類を提出します。各裁判所には、破産申立の手引きとなるような書類がありますので、それを参考にして書面を揃えるべきでしょう。

　破産手続に際して、財産を隠しておきたい旨を述べる依頼者も稀に見かけますが、断固として拒否すべきです。依頼者自身のみならず、弁護士も刑事責任を課されるおそれがあります。

　また、破産申立にあたっては、破産管財人が選任されるか否かについても検討したほうが良いでしょう。破産管財人が選任される管財事件の場合、費用を予納しなければなりません。その金額は低くても20万円以上であり、一括での予納が求められます。このような管財費用の有無および金額については、事前に説明をしておくべきでしょう。

一世を風靡した「過払金請求事件」

　弁護士業界全体に大きな影響を与えたものが、「過払金返還請求」
です。現在でも過払金返還請求を取り扱っている法律事務所はありま
すが、以前に比べると数はだいぶ減ったように思います。

　貸金業法の改正前は、刑罰法規である貸金業法と利息制限法の上限
金利に大きな差があり、貸金業法の上限利息以内であるが、利息制限
法を上回る「グレーゾーン金利」がありました。したがって、利息制
限法を上回る金利は、不当利得となり、返還を請求することができま
す。

　過払金請求事件は、証拠となる取引履歴を貸金業者が開示してくれ
るケースが多く、過払金の計算が容易であること、請求が認容される
ケースがほとんどで、かつ強制執行する必要もなく支払ってくれるこ
と、未解決の法律上の争点が発生しづらいこと（過払金請求訴訟その
ものには、法律上の争点が存在しますが、それが争いにならないケー
スが多いという意味です）、経験がなくても結果をだすことができる
傾向にあることなどから、瞬く間に弁護士業界に広まりました。各地
に支店を持つ弁護士法人が現れたのも、過払金請求事件がきっかけで
あるともいえるでしょう。テレビでも法律事務所のCMが流れ、ダ
イレクトメールや車内広告が掲示されるなど、かつてないほどに法律
事務所の広告がされていました。

　他方、弁護士が依頼者と一度も会わなかったり、依頼者に無断で和
解したり、高額な報酬を請求したりするなど、トラブルも多く報告さ
れました。

　貸金業法改正からもうすぐ10年になり、過払金返還請求は終焉に向
かっていくことでしょう。しかし、良くも悪くも、いわゆる過払金バ
ブルは法律事務所における経営の在り方を大きく変えていった出来事
だったと思います。

11　労働事件（労働者側）の進め方

　労働審判制度が開始されてから10年以上が経過し、全国の裁判所において多くの申立てがなされています。「ブラック企業」という言葉が流行した頃から、残業代請求や解雇無効事件を手がける弁護士も増加し、「残業代」「解雇無効」の言葉を検索すれば、たくさんの法律事務所のページが表示されます。

　要件事実の原則に照らせば、請求する労働者側に立証責任が課されますが、使用者に対して労働時間の管理が求められる労働事件については、事実上、使用者側に労働時間の管理や解雇が濫用に当たらないこと等について立証を求める運用がされています。その意味では、労働事件は労働者にとって有利ですが、だからと言っていい加減な仕事をしていいわけではありません。

　ここでは、労働者の代理人として、労働事件において代表的な「残業代請求事件」と「解雇無効事件」について述べたいと思います。なお、ここでは労働組合が関与していないケースを紹介しています。

（1）残業代請求事件

　残業代とは、時間外労働に対する賃金を請求する事件です。したがって、要件事実の整理からすると、労働者が賃金額、および時間外労働に従事した労働時間を主張しなければなりません。使用者側からか

かる主張を裏付ける資料（タイムカード等）を入手することができれ
ば、かかる資料を参考にすると良いでしょう。もちろん、その資料が
実態を正確に反映しているか否かは精査しなければなりません。

　使用者からそのような資料を入手することができない場合は、相談
者が保有している資料に基づいて残業代を計算することになります。
賃金額については給与明細を用いることができますが、労働時間を記
録した資料を保有しているケースは多くはありません。その場合は、
使用者に対して、タイムカード等の労働時間を証明する資料の提出を
求め、提出がない場合は、相談者の記憶に基づいて計算せざるを得な
いでしょう。最近では、労働時間を記録するスマートフォン等のアプ
リもあるとのことですので、証拠として使用するケースもあると思い
ます（執筆時では、証拠価値については判断した裁判例等を見たこと
がないので、有用性はまだ不明です）。

①　労働審判の申立て

　請求する残業代の金額を算出したら、使用者にその金額を請求する
ことになります。使用者からの回答を見て、裁判外における交渉での
解決が難しそうであれば、すみやかに労働審判を提起することをおす
すめします。労働審判は短期間で決着しますし、裁判所を通して使用
者に必要な資料の開示を求めることができます。労働者にとっては、
労働審判のデメリットが少ないので、裁判外での解決が難しいのであ
れば、すぐに労働審判を申し立てたほうが良いと思います。

　法律上、労働審判は原則３回の期日で終了するとされています。多
くのケースでは、第１回期日において審理を終え、第２回期日や第３
回期日は、調停成立に向けた話し合いに使われています。そのため、
労働審判は第１回期日ですべてが決まるつもりで審判に挑まなければ
なりません。準備期間が制約される使用者と異なり、労働者は時間を
かけて申立書を作成できるのですから、第１回期日において労働審判

官（裁判官）および労働審判員に有利な心証を形成させるための書面と書証を用意すべきでしょう。

　使用者の答弁書の提出は期日1週間前あたりに提出されることになっています（もっとも、提出期限を守らないケースも少なくありません）。この答弁書に対する反論も作成し、労働審判期日前に提出しましょう。答弁書が提出されるタイミングによっては、当日にならざるを得ませんが、使用者の反論を潰した状態で審判に臨むことに意義があります。

　労働審判期日では、裁判所から双方に質問がされます。事実関係は当事者本人の口から語ってもらい、代理人たる弁護士は書証を見せたりするなどのサポートに徹しましょう。労働審判期日では当事者双方が同席するため、中には口論になってしまうような当事者もいますが、そのような時でも冷静に当事者をなだめることが弁護士の役目です。

　審理が終われば、裁判所から調停による解決の提案があります。調停で終了すれば早期に解決しますので、依頼者が満足できる内容であれば、調停による解決を目指しましょう。

　なお、労働審判を申し立てず、いきなり訴訟を提起するという方法もありますが、争点が複雑で労働審判では解決が難しいケース以外にはおすすめしません。解決までに時間がかかるという理由もありますが、何より労働審判では労働者が有利な立場に置かれることが多いので、これを利用しない手はありません。

②　訴訟への移行

　労働審判には、調停で終了するケースと、審判が出ることで終了するケースがあります（労働審判に適しないとして終了する24条終了もありますが、稀なケースです）。審判の場合、申立人・相手方双方が異議を申し立てることができ、その場合は訴訟に移行することになります。

訴訟になれば、労働事件であっても基本的には通常の訴訟と変わりません。ただ、すでに主張整理がされている場合があり、その場合は時間をかけずに証拠調べに移行するでしょう。もちろん、訴訟においても和解の提案があります。必ずしも労働審判の内容と同一ではありませんので、再度和解による解決を試みる選択肢もあるでしょう。

和解で解決できなければ、判決になります。労働審判と訴訟は別の手続きですので、労働審判の結果と判決が異なるケースはめずらしくありません。

③　残業代請求で注意すること

残業代請求事件で注意すべきことは、消滅時効です。賃金請求権は、3年で消滅時効にかかります（令和2年4月時点）。したがって、ケースによっては相談を受けた時点ですでに時効によって賃金請求権が消滅していることもあります。そのような場合、請求が遅くなれば時効によって消滅する金額も増加するので、受任後すぐに内容証明郵便によって催告し、時効を停止する措置を取らなければなりません。

（2）解雇無効事件

① 方針の決定

解雇無効事件を受任するときは、依頼者が職場復帰を求めているのか、金銭を求めているのかを確認しなければなりません。法律上は地位確認請求事件ですので、職場復帰を求める事件なのですが、使用者が中小企業の場合、解決金の支払いで合意退職するケースがほとんどです。そのため、依頼者が職場復帰を求めている場合、解雇が無効であったとしても復帰が難しい場合があることを説明すべきでしょう。

　これとは逆のパターンで、依頼者が金銭を求めているケースにおいて、使用者が職場復帰を求めた場合にどうするかという問題があります。法律上は職場復帰を求める事件なので、使用者が職場復帰に応じた場合、労働者がこれを拒否して金銭の支払いを求める根拠はありません。解雇処分を受けたことに基づく損害賠償請求が認められる場合もありますが、解雇無効事件の解決金と比べれば少額となるケースがほとんどです。使用者が職場復帰を求めるケースは決して多くありませんが、そのような可能性もあることを考えるべきでしょう。

②　解雇の有無を確認する

　労働契約法16条が定める解雇権濫用法理により、解雇処分が有効とされるためには高いハードルがあります。そのため使用者としては解雇の有効性を争うより、「そもそも解雇処分は存在しない」として争うという可能性があります。解雇理由書のような書面があれば争うことは難しくなりますが、そのような書面がなく、口頭で言われただけというケースでは、「退職勧奨したところ、合意退職に応じた」という判断になることも少なくありません。

　そのため、解雇処分がされたことを立証できる資料を揃えなければなりません。使用者が解雇理由書を発行すれば良いですが、そうでない場合は離職票における離職理由や、会社に出勤しなくなった経緯について調べる必要があるでしょう。

　これと並行して、試用期間内か否かも調べなければなりません。試用期間内満了による留保解約権の行使は、通常の解雇よりハードルが下がります。もっとも、三菱樹脂事件も判示するように、合理性がなければ留保解約権を行使できないので、試用期間内であっても留保解約権の行使に合理性がない旨を主張・立証することになるでしょう。

③　交渉・労働審判

　使用者から満足のいく回答がない場合、速やかに労働審判を申し立てるべきであることは、残業代請求訴訟と同様です。労働審判の進行についても同様ですので、ここでは割愛します。

　解雇無効事件では、解決方法をどうするか、という点が問題になります。前述のとおり、職場復帰のケースは多くありませんが、選択肢がないわけではありません。依頼者の意向を踏まえ、どのような解決を目指すかを考えながら進めるべきでしょう。

　なお、実際に職場復帰した場合、依頼者が使用者から金銭を受け取らないというケースも考えられます。このような場合、委任契約における報酬金をどう算定すべきかという点も、受任する際には決めておかなければならないでしょう。

（3）その他の事件

　上記の事件以外にも、労働条件の切下げや、降格処分を争うケース、パワーハラスメントやセクシャルハラスメントに基づく損害賠償請求事件など、さまざまな事件があります。

　この中で、一番相談が多いのは、パワハラに基づく損賠賠償請求事件でしょう。かかる請求では、パワハラを訴える労働者が、ハラスメントを受けた事実を立証しなければなりません。したがって、パワハラの事実を立証できるだけの客観的な証拠がどれだけ存在するかと判断した上で、請求をするべきでしょう。パワハラに関する事件は、相談者の被害者意識が強い場合があり、「どうしても裁判を起こして欲しい」というケースも少なくありませんが、筆者は、請求が認容される見込みがない事件を受任すべきではないと考えています（もっとも、

これは弁護士によって考えが異なる点かと思います）。

Column

使用者側代理人としての労働事件

　現在の筆者は使用者側代理人になることがほとんどです。使用者、すなわち企業からの依頼はほぼ紹介ですので、独立して間もない時期に依頼されることは少ないでしょうから、本編では労働者代理人としての活動について記載しました。コラムでは、使用者側代理人についてコメントしようと思います。

　労働事件は労働者側に有利なケースが多いと述べましたが、裏をかえせば使用者側に不利ということを意味します。具体的には、事実上使用者側に立証責任が課せられること、労働審判においては限られた時間で準備をしなければならないことが挙げられます。

　使用者といっても、大企業から個人事業までさまざまです。私は中小企業のお客さまが多いのですが、その中にもちゃんとした労務管理を実践している企業もあれば、そうではない企業もあります。会社の規模が小さく、労務管理にコストをかけられないのが、小規模企業の現状でしょう。そういった場合、労働者の主張を排斥する証拠を揃えることが難しいことになります。

　また、労働審判の場合、申立書を受け取ってから第1回期日が開催される2週間前後前までに、答弁書の提出が求められます。実質的に1ヵ月を切る期間内に準備をしなければなりません。労働審判においては第1回期日で実質的な審理が終了することも少なくありませんので、そこで十分な主張と証拠を提出することが、有利な解決を導くために必要不可欠なのです。

　このように、労働者側に比べると厳しい立場に立たされることの多い使用者側ですが、法律事務所経営の視点からはメリットがあります。それは、使用者側の場合、労働事件が終了しても顧問契約をいただくなどして、関係が継続することです。労働者側の場合、事件が解決し

た後に、別件での依頼があることは少ないと思いますが、企業である使用者の場合は事件が終わった後でも、依頼をいただくことが多いでしょう。

　もちろん、最初に依頼を受けた労働事件の解決が満足のいくものでなければならないことは、言うまでもありません。

12　紛争性に乏しい案件の進め方

　弁護士が受任する仕事のすべてが、相手方のいる紛争案件とは限りません。成年後見申立、相続放棄、不在者財産管理人の申立てなど、相手方のない案件を受任することも少なくはありません。

　紛争性のない案件のうち、裁判所への手続きを伴うものは、迅速に必要な書類を集めて提出することが重要です。相手方がいないとはいえ、すべての申請が認められるわけではないので、受任にあたっては見通しを説明しなければなりません。

　また、提出すべき資料の中には、依頼者本人でなければ収集することができない資料もあります。したがって、依頼者の協力が必要であることは、他の案件と同様です。

　ここでは、比較的件数が多い成年後見申立事件を題材に、説明を試みたいと思います。

（1）見通しの説明

　成年後見申立の場合、本人が後見状態にあることが要件となります。したがって、後見が認められるか否かは、医学的な判断が必要になります。提出書類に医師の診断書が必要とされており、その内容から認容可能性についておおよその判断をすることはできるので、後見開始の審判が出るか否かについて説明をしたほうが良いでしょう。

なお、依頼者（申立人）が成年後見人候補者として挙げた者が、後見人として選任されるとは限りません。後見人候補者以外の推定相続人が、後見人候補者の後見人選任に対して反対の意思表示を示している状況ですと、利害関係のない第三者（管理すべき財産の額がある程度存在する場合は、弁護士が選任される場合が多い）が裁判所によって選任されることになるでしょう。

（2）必要書類の収集

　成年後見申立には、後見人として申し立てるべき本人に関する事情のみならず、申立人の事情や、後見人候補者の事情など、さまざまな報告が必要です。さらに、判断能力を証する資料としての診断書や、財産目録等も必要になります。多くの添付資料が必要になりますので、見やすいように整理した上で提出をしましょう。

（3）依頼者の協力が必要な場合

　成年後見等を申し立てる場合、医師による診断書が必要になります。そのため、被後見人になる方（手続き上は「本人」とされています）が判断能力の有無や程度について医師から診断を受け、医師に裁判所の定める書式での診断書を作成していただかなければなりません。本人が1人で受診することは困難でしょうから、診断書を作成してもらうには、申立人となる依頼者の協力が必要でしょう。それ以外にも、預金通帳等、本人の資産がわかる資料の提出が必要になります。

　なお、成年後見申立に反対する他の推定相続人などが、本人の囲い込みをしており、本人の診断書を入手することができないというケー

スもあります。そのような場合は非常に悩ましいところですが、成年後見の必要性を訴え、反対する推定相続人を説得することになるのではないでしょうか。

Column

その他の「紛争生が乏しい事件」

　よくご相談をいただく事案としては、「相続放棄」があります。これは、家庭裁判所に対して相続を放棄する旨の申述をする手続きです。死亡日から３ヵ月以内であれば、さほど難しい手続きではないので、弁護士に依頼せず本人で行う場合もありますが、死亡日と「自己のために相続の開始があったことを知ったとき」の間が長期間であるなどの場合は、弁護士に依頼したほうが良い場合もあるでしょう。

　相続人が放棄するなどして、相続人が存在しなくなった場合においては、相続財産管理人の選任を申し立てる手続きがあります。これは、被相続人の債権者など、相続財産に対して権利を持つ方からの依頼による場合が多いでしょう。相続財産管理人の選任には予納金が必要となる場合があるので、注意が必要です。

　これに似た制度として、不在者財産管理人申立という手続きもあります。すでに亡くなっている被相続人と異なり、生存している方の財産を管理する立場ですので、不在者に代わって遺産分割などの手続きをする場合もあります。こちらも予納金が必要な場合があります。

　紛争性の低い手続きは、裁判所が求める資料を「素早く正確に」提出することが重要です。弁護士の不手際で申立てが認められない事態になれば弁護過誤にもなりかねません。そこまでいかなくとも、不必要な時間を要してしまう事態にならないよう、気をつけなければなりません。

13　顧問業務の遂行

　顧問契約のメリットは、紛争が顕在化する前から対応することができる点でしょう。日常的に打合せをすることで、紛争として顕在化しそうな点に対応することができ、紛争を予防することができます。また、紛争の顕在化を防ぐことができず、訴訟等になったとしても、事前に証拠を揃えることができるので、有利な解決を図ることが可能です。

　法律顧問業務の内容は、顧問先企業の業務内容、弁護士の得意分野、顧問料の金額など、さまざまな要素によって異なります。世の中に同じ事件が二つとないように、まったく同じ企業というものは存在しません。そのため、顧問先企業のニーズを調査し、これに合うサービスを提案しなければなりません。ただ、顧問契約のサービスを類型化することは可能ですので、顧問契約において提供する定型的なサービスを提案し、必要に応じて内容を修正すると良いと思います。

（1）顧問契約の内容

　例えば、筆者が経営する南埼玉法律事務所の顧問契約におけるサービスは、以下のようになっています（月額5万円の顧問契約。なお、令和2年4月時点の情報です）。

　・事務所相談

・電話相談

・メール相談

・月2回の出張相談

・紹介いただいた方の無料相談

・顧問契約のない顧客に優先する業務対応

・契約書のチェック

・簡易な書類作成

・契約書作成

・内容証明文書作成

・簡易な交渉

・社内でのセミナー開催

　弊所の場合、顧問先企業からの依頼として多いのは、リーガルチェックです。最も多い依頼は契約書のリーガルチェックですが、新規ビジネスの適法性や株式等の資本関係等について依頼を受ける場合もあります。意外と多い依頼は、税務関係に関するアドバイスです。この場合、弊所の顧問税理士と相談して回答させていただいていますが、専門的な内容になれば直接税理士と相談するようお伝えすることもあります。

　また、顧問先企業における社内セミナーをご依頼いただく場合もあります。この場合は、どのような方が参加されて、どのようなことを伝えたいのかについて打合せを行い、セミナーを実施させていただきます。セミナーに際してはレジュメも作成しますが、「レジュメを読めば終わり」というセミナーには意味がないと考えているので、口頭での内容を厚くするよう心がけています。

○○　様

顧問契約のご案内

南埼玉法律事務所
弁護士　高　倉　光　俊

拝　啓
　時下ますますご清祥のこととお慶び申し上げます。
　弊所は、継続したリーガルサービスを提供するため、川口市を中心
とした複数の法人および個人事業者と顧問契約を締結させていただい
ており、ご好評いただいております。
　近年、個人の権利意識が強くなったことにより、訴訟をはじめとし
た紛争が発生しやすい状況にあります。○○様におかれましては、今
回のような○○紛争のほか、○○○○など、多くの法的リスクが存在
するものと思われます。

敬具

1　顧問契約によるサービス
　・出張による法律相談、電話による法律相談
　・メールによる法律相談（原則24時間以内に回答いたします）
　・定期的な法律リスクに関するコンサルティング
　・コンプライアンス体制構築についてのご相談
　・社内での法律相談会の開催
　・メールによる契約書等のチェック
　・法律行為に関する簡易な文献・判例調査
　　また、以下のサービスは有料となりますが、着手金の20％を減額
　いたします。
　・契約書作成
　・裁判外の交渉
　・訴訟、労働審判、調停等の裁判上での手続き

2　顧問料
　　月額○円（税抜）より

【弊所における中小企業法務の実績（訴訟案件以外)】

　　・契約書のリーガルチェック
　　　メールによるリーガルチェックも承っております
　　・契約書の作成
　　・通知書の作成
　　・コンプライアンス体制構築のためのコンサルティング
　　・行政機関との交渉
　　・労働紛争に関する助言
　　・社内における法律セミナーの開催
　　・Ｍ＆Ａ（吸収合併・事業譲渡）
　　・株式譲渡に関する手続き
　　・株主総会開催の助言・参加

■顧問契約の礼状（例）

株式会社○○
代表取締役　○○　○○　様

南埼玉法律事務所
弁　護　士　高　倉　光　俊
（直筆）

拝　啓

　貴社ますますご清栄のこととお慶び申し上げます。
　この度は、弊所と顧問契約をいただき、ありがとうございました。

　御社のためにスタッフ一同努力を重ねて参ります。些細なことでも、
是非お気軽にご相談をいただければと存じます。また、弁護士を必要
とされている方がいらっしゃいましたら、ご相談をさせていただけれ
ばと存じます。

　今後とも末永くお付き合いいただきますよう、お願い申し上げます。

敬　具

■顧問契約書（例）

法律顧問契約書

　○○（以下、甲という。）と弁護士高倉光俊（以下、乙という。）は、本日下記のとおり法律顧問契約を締結し、相互信頼と協調の精神に基づき、誠実に遵守すべきことを約束する。

第1条　乙は、甲から依頼のある法律関係の相談、事件処理に関しては、誠実に回答し、必要により甲の代理人として適正な各種法律手続を行うものとする。
　【本契約において提供するサービスの目安は、以下の通りである】
　・事務所相談
　・電話相談
　・メール相談
　・訪問先への相談（月1回程度）
　・紹介者の相談
　・契約書のチェック
　・法令調査（月1回程度）
　・簡易な書類作成（月1回程度）
　・簡易な交渉（年1回程度）
　・社内でのセミナー実施（年1回程度）

第2条　乙が甲からの依頼に基づき、前条の事務処理をなした場合の手数料、報酬については、報酬基準を基準として、その都度協議の上、決定するものとする（なお、報酬基準価格より20％減額する）。ただし、前項記載の事項については、顧問料の範囲内とし、別途費用は発生しない。

第3条　乙は、甲から依頼なき事項についても甲の営業に寄与すると考えられる法的事務処理に関しては積極的に提言指導を行い、甲の事業が健全に発展するよう支援する。

第4条　甲は乙に対して、令和○年○月末日（令和○年○月分）より、

顧問料として月額○円（内消費税額金○円、源泉後金○円）を支払うものとする。

　以降、甲は、右顧問料の当該月分を当月末日までに乙の指定する銀行口座（埼玉りそな銀行○○支店　普通預金口座○○　口座名義人○○）宛振込送金して支払うものとする。

第５条　この契約は有効期間を１年とし、甲又は乙の申出がない場合には、同一の条件をもって更新されるものとし、以降も同様とする。

第６条　本契約に定めなき事項は、甲・乙協議の上定める。

　上記のとおり、法律顧問契約が成立したので、本書２通を作成し、甲乙各自1通を所持する。

令和○年○月○日

住　　所

　　　　　　　　　　（甲）

住　　所　埼玉県川口市戸塚２－21－31　ベルエリゼ201号
　　　　　南埼玉法律事務所
　　　　　　　電話　048-452-8470　　　ファックス　048-452-8944

　　　　　　　　　（乙）　弁護士　高　倉　光　俊

（2）顧問契約の注意点

　顧問契約の遂行で重要な点は、迅速な回答です。筆者は、契約書のチェックであれば、遅くても48時間以内に回答しています（もし調査が必要であれば、24時間以内にどれだけ時間を要するかの目星をつけ、その旨を連絡しています）。弁護士の回答があるまで業務を止めている場合もあるのですから、できる限り迅速に回答するべきでしょう。

　また、経営状態の良い会社の経営者は、「時間」という資源を重要視しており、せっかちな方が多い傾向もあります。そういうパーソナリティからも、迅速な回答は喜ばれるのです。

　もっとも、嘘を伝えてしまえば弁護過誤になりかねません。そのため、裏付けをちゃんと取るべきです。すべての質問について裏付ける資料を見つけることは困難ですが、その場合は裏付け資料がないことを伝えた上で、判断の根拠をお伝えすべきでしょう。また、調べてもわからない質問については、その旨をはっきりと伝えております。

　ただ、わからない質問については、わかる人を紹介できると良いと思います。筆者は、顧問先企業から実用新案について聞かれたとき、同期の弁護士から紹介された弁理士にお話を伺いに赴いたり、海外の不動産の取引について渉外事務所の弁護士を紹介したことなどがあります。

Column
どのようなお客さまと仕事をしていくか

　筆者が経営する南埼玉法律事務所のシンボルマークは、２つの円が重なっています（77ページ参照）。これは、南埼玉法律事務所と、それをとりまく人々との「つながり」を意味しています。「ステークホ

ルダー」と呼ばれる方々との良好な関係を築くことが、法律事務所の発展に必要不可欠であると考え、独立1年後くらいに考えました。

法律事務所における重要なステークホルダーは、お客さまとスタッフであると思います。その他、地域の方々や、弁護士会の方々などがいらっしゃるでしょう。

どのようなお客さまから依頼を受けるか、どのようなスタッフと一緒に仕事をするか……これらの質問は、弁護士によって千差万別だと思います。私は経営者となって今年（令和2年4月現在）で10年目になりますが、さまざまなタイプのお客さまと出会いました。

独立したての頃は、債務整理（下火になりつつありましたが、当時はまだ過払金請求がありました）、離婚事件、交通事故など、非事業者のお客さまからの依頼が多く、また国選弁護事件も受けていました。

独立から5年くらい経ち、勤務弁護士がいる状態になると、顧問契約のお客さまが中心となってきました。この頃になると、かつての依頼者や、地域の方々からの紹介が増え、受任する事件の半分以上が紹介者を介しての依頼になりました。この頃から、刑事事件も減少するようになりました。

10年目となる現在、私自身が担当している事件の8割が、顧問契約をいただいているお客さま、成年後見人等裁判所から依頼されている案件、そのほかの公職が占めるようになりました。新規にご依頼いただく案件についても、ほぼすべてが紹介によるものになりました。

もちろん、南埼玉法律事務所は紹介制ではなく、紹介のない方の依頼も受けております。弊所は複数の弁護士がおりますので、事務所としてはさまざまなお客さまのニーズを満たせよう、努力しなければなりません。これは、法律事務所の経営者としてやらなければならない課題だと思います。

顧問契約をいただいているお客さまの中には、すでに8年目になろうとする会社もあります。そのようなお客さまのお力があればこそ、南埼玉法律事務所はこれまで経営を維持することができたのです。

第4章　よい事務所を創るためのノウハウ

【Introduction】

　独立当初は弁護士一人でも、事務職員を採用することになったら、法律事務所は「組織」になります。目指すべき法律事務所の規模は、弁護士によって考え方は違うでしょうが、大規模な法律事務所であれ、小規模な法律事務所であれ、「働きやすい事務所」を作ることは、経営者としての義務でもあります。

　大都市以外の地域では、大規模な法律事務所は多くありません。規模の大きさはひとつの強みになるでしょうが、必ずしもそれだけで事務所の価値が決まるわけではありません。弁護士の仕事は弁護士自身の個性が重要になるのであり、「○○事務所だから依頼しよう」ではなく、「○○先生に依頼しよう」と考える方が多いもの、紹介であればなおさらです。

　そのため、独立して経営がある程度安定したとしても、すぐに大規模事務所を目指す必要はないでしょう。規模を大きくすれば運営コストも上昇するので、リスクも大きいといえます。弁護士1人で独立したケースを例にとると、①1人目の事務職員の採用→②1人目の勤務弁護士の採用→③2人目の勤務弁護士の採用→2人目の事務職員の採用……といったように、徐々に弁護士と事務職員を増やしていくケースが多いと思います。ただ、勤務弁護士がずっと事務所に残るとは限りません。数年経てば、独立や移籍もあるでしょう。採用計画においては、こうした点も考慮しなければならないのです。

　ここでは、法律事務所という組織づくりに焦点をあて、法律事務所

の経営理念の重要性を紹介したあと、法律事務所を構成する事務職員
と勤務弁護士の採用と育成について述べたいと思います。

1　事務所理念

　今日、多くの会社が企業理念を掲げています。自社の企業理念を浸透させるために、毎朝朝礼などで、唱和をしているという企業もめずらしくありません。弁護士にとっても、「なんのために弁護士として働いているのか？」を意味する事務所理念は、その弁護士の在り方を指し示す基準として、非常に重要なものです。

　事務所理念を掲げている法律事務所は少なくないのですが、理念を制定するだけになっており、うまく活かされていないケースもあります。独立に際して、とりあえず思いついた事務所理念を掲げたのはいいけれど、日々の仕事に忙殺されて、そのままになっているという弁護士もいるでしょう。事務所理念を掲げても、すぐに効果が現れるわけではありません。しかし、法律事務所を立ち上げ、長期的な視点によって経営を考えるとき、事務所理念に基づいて経営を行うことは、非常に重要なことになるのです。

（1）事務所理念

①　事務所理念をどう制定するか

　事務所理念とは、その法律事務所の在り方を指し示す指針です。弁護士が1人で独立をする場合は、その弁護士の理念が、そのまま事務

所の理念になるでしょうし、複数の弁護士によって独立する場合は、どのような理念を掲げるかについて、議論をすることになるでしょう。

理念はその弁護士の在り方を示すものです。「どんな理念が良いだろうか」と考えるよりも、「自分は弁護士としてどう在りたいのか」を考えるべきでしょう。もっとも、理念を公表する以上、それを見たお客さまや、事務所のスタッフ（将来スタッフになる人）が、どう感じるのかについて考えなければなりません。「弁護士という資格を用いてお金を稼ぐ」ことを理念に掲げた事務所に、依頼しようと考えるお客さまは少ないでしょう。この法律事務所に依頼したい、この法律事務所で働きたい、と感じられる理念があって、事務所の経営は安定するのだと思います。

② 南埼玉法律事務所の理念

筆者が経営する南埼玉法律事務所は、次のような理念を掲げています。

> 1　私たちは、お客様の抱える不安を解消し、より明るい未来に一歩を踏み出せるよう、全力を尽くします
> 2　私たちは、南埼玉法律事務所と関わる人々との交流を通じ、日々成長することを誓います
> 3　私たちは、川口を中心とする地域社会に貢献し、よりよい社会を創造することに邁進してゆきます

現在の事務所理念は、事務所開設から5周年を機に制定しました。あまり分量が多くなってしまうと浸透しないと考え、3項目にしました。

第1の項目は、南埼玉法律事務所がお客さまに対して提供できるサービスを一言で表したものです。法律事務所にいらっしゃる方は、何らかの不安を抱えていらっしゃいます。その不安が顕在化しているも

のが、「紛争」すなわち法律トラブルでしょう。南埼玉法律事務所は、「お客さまの抱える不安を解消する」こと、すなわち顕在化したトラブルを解決するサービス、トラブルが顕在化しないよう予防するサービスを提供し、これによってお客さまが「より明るい未来に一歩を踏み出せるよう」お力添えすることを使命としていることを示しています。

　第2の項目は、事務所のスタッフに向けたものです。法律事務所は、さまざまな人との関わりが不可欠であり、南埼玉法律事務所も例外ではありません。人との関わりを通じて、成長し続ける事務所であることを、代表である筆者を始め、事務所のスタッフ全員が共有できるよう掲げました。「成長」を理念に掲げたのは、制定当時、筆者以下事務所のスタッフが30代以下という若い世代で、発展途上にあることや、日々進化する事務所でありたいという想いが込められています。

　第3の項目は、社会における事務所の在り方を示した内容です。南埼玉法律事務所が社会においてどうあるべきか、という事務所の姿を表したものですが、多分に代表である筆者の考えが反映されています。南埼玉法律事務所の所在地は、埼玉県の南部である川口市ですが、ここは筆者が生まれ育った場所でもあります。自身を育ててくれた川口という地域を、弁護士として支えてゆきたい、そういう想いから、「川口を中心とする地域社会に貢献し」という理念を掲げることにしました。

（2）理念に基づく事務所経営

　事務所理念を掲げても、それが活かされていなければ意味はありません。そこで、事務所理念に基づいた経営とはどのようなものか、考えてみたいと思います。

① 事務所理念の機能

その前に、事務所理念がどのような機能を持っているかについて考えてみたいと思います。前述しましたが、事務所理念には、お客さまに向けて「うちはこういう法律事務所である」ということを示す機能があります。弊所を含め、多くの法律事務所は事務所理念をホームページ等によって公表しており、お客さまが事務所を選ぶ際の１つの基準となっていると思います。

次に、事務所を構成するスタッフの道標になります。事務所がどう進むべきか迷ったとき、その方向を指し示す参考になるのです。例えば、「広告宣伝を新たに行うとき、どのエリアを中心にするべきか」という点に迷ったとき、弊所であれば「川口を中心とする地域社会に貢献」するという理念に照らし、川口市を中心とするエリアに広告宣伝を行うことになります。事務所理念は、事務所にとって立ち返るべき場所であるのです（だからこそ、核となる部分については頻繁に変更すべきではありません）。

また、事務所理念を制定した弁護士にとっても、自身の弁護士としての在り方を見つめ直す機能があります。人間弱いもので、気をつけないと楽なほうに流されてしまいます。そうしたとき、理念を見つめ直し、独立した時の志を思い直すことで、改めて困難に立ち向かうことになるでしょう。

② 事務所理念を浸透させるためには

企業で広く行われているように、毎日の朝礼で理念を唱和するという方法もあるでしょう。しかし、企業に就職するという道を選ばず、司法試験を受験して弁護士になろうとする者は、朝礼のようなイベントを嫌う傾向があります。スタッフが嫌々やっている朝礼では意味がありません。

　理念の文言を一字一句暗記することが重要なのではなく、理念に表された考え方を共有し、日々の業務において判断の拠り所とすることが重要なのです。法律事務所での業務は、判断の連続です。依頼を受けるかどうか、訴訟を起こすかどうか、スタッフを採用するかどうか……大きな判断から小さな判断まで、日々判断をする機会があります。その判断に際して、事務所の理念の考え方に沿っているかいないかを検討する、それが、理念を活かした経営になるのではないかと思います。

　事務所会議などで、理念について考える機会を作ることも重要です。その際は、理念を制定した弁護士が、その理念について語ることができなければなりません。上っ面の文言だけで心を動かされる者はいないのです。

　理念を掲げ、浸透させることは、一朝一夕で成るものではありません。即効性もないので、軽視しがちです。しかしながら、長期的なビジョンにおいて、事務所の繁栄を考えるのであれば、理念の浸透は重要なものになるでしょう。

Column

中小企業家同友会

　筆者は弁護士会以外にもいくつかの団体に所属しておりますが、そのひとつに「中小企業家同友会」という団体があります。

　この団体は主に中小企業の経営者や後継者が所属している全国組織の団体なのですが、他の経済団体に比べると、「経営を学ぶ」という点に重点を置いており、筆者が所属する埼玉中小企業家同友会では「社長の学校」の商標を有しています。

　中小企業家同友会の目指す経営に「人を生かす経営」というものがあります。そのためには、「経営指針の成文化と実践」が必要であるとし、経営指針づくりセミナーに力を入れています。

経営指針の根幹をなす経営理念は、「企業の目的は何か、何のために経営を行うのか、どのような会社を目指すのか」を示すものとされています。簡単に答えが出るものではなく、何度も考えてゆくことになるのだと思います。

2　事務員の採用と育成

　前述したとおり、法律事務所にとって事務職員の存在はとても重要です。優秀で信頼できる事務職員は、どの法律事務所であっても簡単に手放そうとはしません（他方、勤務弁護士はいずれ独立することを念頭に入れているため、移籍については寛容であるケースが多いと思われます）。

　では、事務所の屋台骨となる事務職員を迎えるには、どのようにすれば良いでしょうか。ここでは、事務職員の採用や育成について考えてみたいと思います。

　なお、法律事務等を行うパラリーガルとそれ以外の事務職員を分けて考える事務所も存在しますが、ここでは区別せず、「弁護士以外のスタッフ」すべてを事務職員と定義します。

（1）募集方法

　知人を採用するというケースではない限り、まずは募集をしなければなりません。近年、人手不足が叫ばれており、以前に比べて採用の難易度が上がっていると言われています。もっとも、法律事務所は「固い職場」と思われているせいか、社会保険等を完備する正社員として募集するのであれば、ある程度の応募は来るように思います。

　募集方法ですが、もっとも低コストで募集できる媒体は、各弁護士

会のホームページを通じての募集です。しかし、弁護士会のホームページを閲覧する方は多くないため、高い効果を期待することはできません。公的な機関としては、職業安定所に募集を出すことが考えられます。こちらも紹介料等のコストが不要です。

　多くの募集を受けるには、やはりリクルート等の求人広告企業を利用することだと思います。しかし、これらの企業を利用する際は、高額の費用が発生することもあります。さまざまな求人広告企業が存在するので、サービスを見比べてみることも重要でしょう。

　求人広告にはある程度の費用が生じるものと割り切り、そのコストの中でどうすれば良い人材を採用できるかを検討することになるかと思います。なお、信頼できる方を紹介してもらえるのであれば、それが一番良いので、知人を当たってみることも良いと思います。

（2）採用の基準

　どんな事務職員を採用したいか、という点は事務所によって異なるでしょう。事務職員にどんな仕事を任せるかによっても異なります。法律文献の調査や、依頼者との打合せに同席することなどを求めるのであれば、法律知識があったほうが良いということになります。経理を中心にするのであれば、簿記の知識があったほうが良いでしょう。

　ただ、独立した弁護士が最初に事務職員を採用する場合、法律文献の調査のような仕事よりも、電話対応やスケジュール管理、消耗品等の購入・管理等の雑用が主体になると思います。慣れてきたら、弁護士の指示に従い報告文書の作成など、業務の範囲を広めていくことになるでしょう。

　そう考えると、必ずしも法律知識が必須になるわけではありません。ただ、業務の中で交わされる法律用語の内容がわからないと、支障が

あるかもしれないので、法律知識がない場合には、最低限の研修が必要になるでしょう。

　また、パソコンを利用できなければ仕事になりません。Word、Excel、メールソフトなどを利用できる能力は必須でしょう。

　そう考えると、社会常識と最低限のITスキルを備えていれば、あとは人間性に拠るのではないかと思います。

　よく聞かれる質問として、経験者が良いかどうかという点があります。経験者はすでにスキルがある状態で採用できるので、とても心強い存在です。もっとも、前の事務所でのやり方をそのまま導入する傾向が強いので、その点は気に留めるべきでしょう。また、経験者が応募するということは、以前の法律事務所を辞めているということを意味します。なぜ辞めることになったのかは、注意を払うべきでしょう。

　未経験者の場合は、事務職員の仕事を一から教えなければなりません。先輩事務職員がいない場合は、弁護士が教えることになります。「弁護士も事務職員の仕事を知らなければならない」と言われるのはこのためです。勤務弁護士時代から、個人事件においては事務仕事もすべて自分で行うなど、事務職員の仕事を経験しておいたほうが良いでしょう。

　なお、男性弁護士が女性の事務職員を採用する場合は、注意を払う必要があるでしょう。2人だけの職場になる場合、事務職員が不安にならないよう配慮しなければなりません。

■採用面接の際に使用する評価書（例）

事務職員採用　面接シート

氏名

1　やる気　　　　　　　　　　　　【1　　2　　3　　4　　5】

2　コミュニケーション能力　　　　【1　　2　　3　　4　　5】

3　人当たりの良さ　　　　　　　　【1　　2　　3　　4　　5】

4　雰囲気の良さ　　　　　　　　　【1　　2　　3　　4　　5】

5　気配り・出を取る能力　　　　　【1　　2　　3　　4　　5】

6　社会人マナー　　　　　　　　　【1　　2　　3　　4　　5】

7　ワード・エクセルの能力　　　　【1　　2　　3　　4　　5】

8　事務職員としての経験　　　　　【1　　2　　3　　4　　5】

9　精神的なタフさ　　　　　　　　【1　　2　　3　　4　　5】

［その他・特記事項］

■事務職員業務メモ（例）

事務職員業務メモ

1　電話対応
・1コール待ってから取る（いきなり取ると相手がびっくりするから）。3コール以上した場合は、取ったとき「お待たせして申し訳ございません」と一言添える。
・南埼玉法律事務所でございます」と名乗る。「もしもし」は不要。
・相手が名乗らなかった場合、「お名前をいただいてもよろしいでしょうか」と聞く。
・依頼者、弁護士および裁判所等の公的機関以外の者から「弁護士と代わって欲しい」旨を言われたら、どのような要件か聞く。その後、「ただいま確認いたします」と伝え、弁護士に出るかどうか確認する。営業など弁護士の対応する必要がない場合は、弁護士に取り次ぐ必要なし。
・依頼者や公的機関以外でも、友人や知人から電話が掛かってくることもある。その場合は「○○一緒の」と伝えるはず。
・法律相談の電話の場合は、①どこで事務所を知ったか、②おおまかにどのような相談かを聴き、③うちでは電話による法律相談は実施していない旨を告げ、法律相談の場合は来所いただきたいことを告げる。そして、相談料として30分あたり5,500円が必要であることを告げ、それでもよければ法律相談の予定を入れてください。無料相談を希望の場合は、法テラスを紹介してください。
　　相談を入れたのであれば、氏名と連絡先を聞いておく。

2　予定の入れ方
　弁護士の予定は、カレンダーで確認する。
　法律相談を入れる場合、相談の時間は、1時間取る。もっとも、相談者にはどのくらいの時間がかかるか伝える必要はない。
　裁判期日や依頼者等との打合せも同様である。裁判期日の場合、移動時間があるので前後の予定の入れ方には気をつける。
　夜間（19時以降）および土日に予定を入れるときは、弁護士に確認

を取る。

3　記録の綴り方
　クリアファイルを極力使わない
　不要な書類は廃棄ないし PDF 化する

参考【事務職員の仕事】

・電話対応（電話があったことをメモに残す）
・弁護士（所長）のスケジュール管理
・郵便物の送付
・登記や住民票などの取り寄せ
・事務所の掃除・ゴミ出し
・受付、お茶出し
・経理

（3）雇用形態

　事務職員の雇用形態は、正社員、パート・アルバイトがあります。それ以外にも、派遣によって働いてもらうという方法もあります。

　一般的な傾向としては、パート・アルバイトより正社員の方が、優秀で長く働いてもらえる人材が応募してくると思います。採用後も事務所に対するロイヤリティが高い傾向にありますが、人件費も高額になります。パート・アルバイトは逆の傾向にあるでしょう。

　人材派遣の場合、事務所と直接の雇用関係が生じるわけではないので、事務所を支える事務職員として育成することが難しいと思われます（もっとも、紹介型派遣であれば、将来的に雇用契約を締結する可能性があります）。また、派遣会社に費用を支払わなければならないので、高コストであることも留意すべきでしょう。

（4）事務職員の研修

　日本弁護士連合会では、「事務職員能力認定試験」を実施しております。これは、事務職員として必要な能力の有無を判定する試験で、事務職員の能力を証明する数少ない資格です。民事訴訟法や民事執行法、破産法など民事法からの出題が中心になりますが、事務職員として必要となる法律知識が身につくので、意欲があれば受験を勧めるべきでしょう。

　これに関連して、日本弁護士連合会は、「事務職員能力認定制度に基づく研修会」も実施しています。これらの研修に参加し、上記の認定試験を受験すれば、必要な知識がひと通り身につくことと思います。

　これ以外でも、各弁護士会が独自の事務職員向け研修を開催しているので、こちらも利用すると良いでしょう。

　なお、研修に掛かる費用は、雇用している法律事務所が全額負担すべきで、事務職員に対して負担を強いるべきではないでしょう。

Column

家族経営の法律事務所

　小規模の法律事務所には、弁護士の家族が事務職員として働いているケースはめずらしくありません。人件費は経費の中でも大きな割合を占めるので、配偶者が事務職員として働いてくれることは、独立当初の資金繰りを助けるものになるでしょう。ちなみに筆者は、独立時は独身でしたし、家族は高齢の両親のみでしたので、家族に手伝ってもらうことはできませんでした。

　家族が法律事務所に入るのは、何も事務職員の場合だけではありません。夫婦ともに弁護士である場合、同じ法律事務所に所属して働くケースもめずらしくはないでしょう。現に筆者が勤務弁護士をしてい

た事務所は、所長と所長の奥様がいずれも弁護士で、同じ事務所で働いていました。また、ボスとボスの子が同じ事務所で働くこともありますが、このような場合は事業承継を念頭に入れているのかと思います。

　家族間の仲が悪くなければ、人間関係のトラブルはあまり多くはないでしょうから、事務所内では円滑に業務が進むように思います。しかし、家族以外の方を迎え入れる場合は、注意しないと新たに所属したスタッフが浮いてしまい、居心地の悪さを感じてしまうこともあるでしょう。

　筆者が法律事務所の就職活動をしていた十数年前は、「ボスとボスの奥さんの２人しかいない事務所はやめておけ」という話も聞きました。家族経営の事務所において、家族以外の方を事務所に迎える場合は、「私的スペースの家庭と公的スペースの事務所は異なるもの」という認識を再確認しなければならないでしょう。

3　勤務弁護士の採用と育成

　ひと昔前の弁護士業界においては、勤務弁護士の採用活動は馴染みの薄いものでした。特に地方都市においては、積極的な採用活動をする事務所は少数で、「弁護修習で来た司法修習生を採用する」「知人の弁護士から紹介された修習生を採用する」など、何かしらの繋がりがある修習生を採用することが多かったようです。

　司法制度改革で司法試験合格者が増え、所属弁護士数の多い事務所が増えてくると、「就職説明会」が頻繁に行われるようになりました。合格者が2,000人に近くなった時期は、弁護士の就職難が叫ばれるような時期もありました。

　最近は、一時期より合格者が減り、インハウスローヤーとして企業に就職する修習生も増えたので、以前より採用が難しくなっているようです。また、苦労して採用したとしても、ずっと事務所に在籍しているわけではありません。ある程度の実力がつけば、事務所を辞めて独立する可能性もあるでしょう。ただ、弁護士である以上、独立することはやむを得ないと思います。

　ここでは、勤務弁護士の採用や育成、そして勤務弁護士の独立に関して述べたいと思います。

（1）募集方法

　前述のように、勤務弁護士の採用にあたっては、何かしら繋がりのある修習生や弁護士を採用することが多いと思います。典型的なケースは弁護修習で指導にあたっていた修習生を採用するケースですが、それ以外には大学や法科大学院の後輩、知人の紹介などがあるでしょう。このようなケースは、最初から能力や素質がわかっていることや、紹介者が能力を担保していることがあるので、採用時のミスマッチを防ぐことができます。

　他方、弁護士会や他の団体による就職説明会、人材紹介企業からの応募は、まったく知らない修習生、弁護士が応募することもあります。多くの採用希望者と話ができるメリットもありますが、採用する側にとって能力を見抜く力が必要になってきますし、場合によっては採用にコストがかかることもあります。

（2）採用の基準

　まず、修習生を採用するのか、経験弁護士を採用するのかという選択肢があります。修習生は弁護士実務の経験がないので（弁護修習の期間はありますが、それだけではとても実務には対応できません）、OJTにより弁護士としての仕事ができるよう訓練しなければなりません。他方、経験弁護士の場合、経験年数にもよりますが、すでに1人で弁護士としての仕事ができるケースもあります。ただ、経験弁護士は、他の法律事務所を辞めたか、独立したもののうまく行かなかったというケースのいずれかです。どうして辞めることになったのか等については、ちゃんとヒアリングし、納得した上でなければ採用する

ことは避けるべきでしょう。

　次に、採用すべき基準ですが、何を重視するかは弁護士によって異なるでしょう。ただ、小規模事務所であれば、事務所スタッフ間の人間関係が強いので、人柄を重視したほうが良いでしょう。コミュニケーション力、精神的な強さ、論理的思考力など、弁護士にとって必要とされる能力はさまざまですので、事務所にとって重視すべき能力を備える弁護士を採用すれば良いと思います。

（3）事務所と勤務弁護士の法律上の関係

　勤務弁護士として採用する以上、定額の給与を支払う形態が多いと思いますが、売上に応じて給与を決める方法も考えられます。なお、勤務弁護士に労働者性があるか否かは、勤務状況の実態に照らして判断することになると思います。

　次に、個人事件の受任の可否を検討することになります。個人事件の受任を全面的に認めるケース、一切認めないケースのほかに、国選弁護事件のみ認めるケースなど、さまざまなパターンがあります。個人事件受任を可とした場合、事務所に一定の金額を納めてもらうか否かも考えなければなりません。

　個人事件受任を認めるか否かは、さまざまな考えがあると思いますが、筆者は原則として認めたほうが良いと考えています。個人事件を認めることで、勤務弁護士の仕事に対するモチベーションが上がるからです。

　勤務弁護士であっても、いずれは経営者という立場になることが多いと思います。そのためには、「どうやって仕事をいただくか」ということを、勤務弁護士時代から勉強しておいたほうが良いでしょう。ボス弁の事件ではなく、勤務弁護士自身の事件を経験することで、仕

事に対する責任もより強くなるでしょう。

　当然ですが、事務所から給料をもらっている以上、事務所事件をないがしろにして個人事件に集中することは許されません。しかし、個人事件に取り組む時間的余裕を与えず、個人事件受任可能といえども実質的に不可能な状況に置くことは望ましくないと思います（高い給与を支払っているのであれば別ですが）。

　なお、勤務弁護士ではありませんが、給与を支払わず、事件ごとに共同受任して報酬を支払う形態（いわゆるノキ弁）も考えられます。固定費が生じないので経営上はメリットがありますが、事務所へのロイヤリティが低くなる傾向があることを鑑みれば、給与を支払った方が良いと思います。

■勤務弁護士との間で取り交わす覚書（例）

業務委託内容等についての覚書

令和○年○月○○日

南 埼 玉 法 律 事 務 所

第1　契約期間
令和○年○月○○日より令和○年○月○○日
以降の更新については、協議の上決定する。

第2　業務時間等
営業時間は平日9時から18時
勤務時間は特に定めないが、最低営業時間は勤務すること
その他の時間（土日など）の出勤については自由。仕事の状況によっ
て出勤すれば良い。
なお、個人事件、国選などは営業時間中に行っても構わない。

事務所事件の記録の持ち帰りは、基本的には禁止。
事前に許可を得ること

第3　報酬等
業務委託報酬　月額○○円
通勤手当　実費として定期代を支払う
活動手当　月額1万円
交通費等は自己負担
弁護士会費、健康保険、弁護士保険、公租公課は自己負担

第4　個人事件の取扱
個人事件（法テラス利用の事件も含む）3割経費
事務所の紹介による個人事件4割経費
国選扶助1割経費
なお、外部の法律相談料および弁護団事件は経費負担なし

令和〇年報酬について

令和〇年〇月〇〇日

南 埼 玉 法 律 事 務 所

代表 高 倉 光 俊

第1　報酬等

業務委託報酬　年俸　〇〇万円（月額〇万円）

通勤手当　実費として定期代を支払う

活動手当　1万円

交通費等は自己負担

弁護士会費、健康保険、弁護士保険、公租公課は自己負担

第2　個人事件の経費

1　個人事件（法テラス利用の事件も含む）

　納入経費　売上額の30％

　なお、個人事件は、次に挙げるものに限る

(1)　外部の法律相談において相談を受けた事件

(2)　事務所において法律相談を受けた事件のうち、顧客が〇〇先生を指名した事件

(3)　南埼玉法律事務所以外の弁護士と共同で受任している事件で、代表が代理人として名を連ねていない事件

(4)　弁護団事件のうち、弁護士費用が100万円を超えるもの

(5)　〇〇先生のみと顧問契約をしている顧問先の顧問料

2　事務所紹介事件

　納入経費　売上額の40％

　事務所事件のうち、代表が個人事件として処理するよう要請した事件

3　国選扶助

　納入経費　売上額の10％

　なお、外部の法律相談料および受験指導は経費負担なし

◖Column◗

弁護士としてのスタート

　就職難が緩和されたことは、弁護士志望の司法修習生にとってはありがたいことでしょう。しかしながら、「就職できること」と「希望の就職先に就職できること」は同じ意味ではありません。人気のある法律事務所は、現在でも倍率が高く、狭き門であることには変わらないのです。

　ただ、筆者自身が司法修習生だった十数年前に比べると、就職先の選択肢が増えたように思います。現在では法律事務所以外にも、インハウスローヤーとして企業や自治体に就職する修習生が増えていますし、専門性を打ち出す法律事務所が増えていることから、いろいろな仕事に挑戦できるようになったと思います。

　他方、修習生と就職先のミスマッチというものもよく耳にするようになりました。弁護士登録後1年以内に別の事務所に移籍するという話もめずらしくないことです。

　司法修習の期間が短くなった以上、最初に所属する場所が、弁護士として働くための基礎を学ぶ場所になります。良くも悪くも、最初に所属した場所の影響は大きく受けますので、給与額だけを見るのではなく、弁護士としてのスタートを飾るにふさわしい事務所に就職すべきだと思います。

第5章　次のステージへ

【Introduction】

　経営が安定し、十分な利益を継続的に出すことができるようになったら……本書の目的は達成されたことになります。

　しかし、弁護士としての仕事は、それによってゴールに至るわけではありません。経営が安定することで、弁護士として本当にやりたいことに力を注ぐことができるようになります。先立つものがなければ、とはよく言いますが、弁護士としての自己実現をするためには、まずは経営を安定させなければならないからです。

　経営者には定年という概念がありません。事務所を経営する立場の弁護士であれば、健康であればいつまでも働くことができます。現に、80歳近い年齢の弁護士が、いまだ現役として活躍しているケースも少なくありません。多くの弁護士にとっては、事務所経営が安定した後の弁護士人生のほうが長いことになるでしょう。

　弁護士としてどのように在りたいか、それは千差万別であり、正しい姿があるわけではありません。ここでは、「事業規模拡大」「専門性の強化」「社会貢献活動」について述べてみたいと思います。

1　事業規模の拡大へ

　1人で法律事務所を立ち上げ、しばらくして事務職員を採用したという弁護士も、きちんとした経営を続けていれば、3〜5年経過した頃には、売上も増加し、年間ベースでみれば安定した利益を出すことができるようになっているでしょう。しかしながら、その頃から売上が頭打ちになる傾向があります。なぜなら、弁護士の仕事はサービス業であり、在庫というものがありません。1人の弁護士が提供できるサービスの量には限界があるのです。

　そうすると、提供するサービスの量を増やすには、弁護士の数を増やす以外に方法がありません。それは、法律事務所に新しい弁護士を招くことを意味します。

　新しい弁護士に参加してもらう方法には、①勤務弁護士を採用する方法と②パートナー弁護士として参加してもらう方法が考えられます。このうち、①については、すでに述べておりますので、②について考えてみようと思います。

　すでに述べているように、複数の弁護士によって経営されている共同経営事務所には、「経費共同」と「収入共同」があります。前者は、複数のパートナー弁護士が、事務所の経費を共同して負担する形式で、後者は事務所の売上を一括管理し、経費を引いた金額をパートナー間で分配する形式です。

　収入共同事務所は、パートナー同士の強い信頼関係が必要になります。したがって、新しい弁護士をパートナーとして迎え、収入共同事

務所を立ち上げるには、高いハードルがあると考えるべきでしょう。他方、経費共同事務所は、経費分担だけの問題であるので、比較的ハードルは低いといえます。

　パートナー弁護士を迎えることは、既存のスタッフにとっては知らない弁護士が上司になることを意味しています。同業者である勤務弁護士ならまだしも、事務職員にとってはストレスになることも否定できません。パートナー弁護士を迎えることで、事務所の優秀なスタッフが辞めてしまうようなことになれば、本末転倒です。

　新しい弁護士を迎えるにあたっては、弁護士のみならず、事務職員も含めたスタッフ全員とよく話し合うべきでしょう。ちなみに、筆者が経営する南埼玉法律事務所では、新しい弁護士を採用する場合、事務職員を含めたスタッフ全員が賛成しなければ採用しないことをルール化しています。

　また、パートナーとして迎える弁護士に対しても、経費分担割合や、事務職員に対してどれだけ仕事を振って良いのか、事務所理念に共感してもらえるかなど、さまざまな条件について協議しなければなりません。売上が右肩上がりの状況で、参画前よりも高い収入を得られるのであれば不満は生じないでしょうが、必ずしもそういう状況だけではありません。経営状態が芳しくない状況にあっても、じっと耐え、事務所のために力を尽くすのがパートーナー弁護士の役目なのですから、その役割を果たせないような人物を迎えるべきではありません。同時に、もともとの経営者弁護士にとっても、パートナー弁護士を迎えた以上、自身だけが経営者であるという認識を捨て、話し合いを重ねて共同で経営するということを肝に銘じなければならないでしょう。

法律事務所の M & A

　数百人を要する大型の法律事務所が生まれたのは、2000年代に入って以降ですので、それほど昔の話ではありません。「5大事務所」を筆頭とする企業法務主体の大規模事務所においては、法律事務所の合併が盛んに行われています。

　他方、いわゆる街弁と呼ばれる小規模の法律事務所では、事務所同士の合併はそれほど聞く話ではありませんでした。パートナーが移籍することはあっても、法律事務所そのものが合併によって一つになることは少ないように思います。

　むしろ、唯一のパートナーであるボス弁が引退し、これをきっかけに所属していた弁護士が分裂してゆくケースはよく耳にします。同じ事務所から複数の弁護士が同時に辞めて、新しく事務所を作ったという話もあります。

　東京や大阪のような大都市の弁護士会は別ですが、地方都市の弁護士会は狭い世界ですので、分裂後においても元の事務所の弁護士と良好な関係を築くことは大事になると思います。

2　専門性を高める

　法律事務所の売上は、「単価」×「事件数」に分解されます。したがって、売上を高める方法は、大雑把にいえば、単価を上げる方法と、事件数を増やす方法に分類できるといえるでしょう。もっとも、1人の弁護士が担当できる事件数には限りがあるため、後者を選択する場合は、弁護士を増やさなければなりません。

　他方、前者の場合は、担当する事件数そのものに変化はないのですから、弁護士を増やすことなく、従来の組織をそのまま維持することが可能となります。しかし、弁護士費用の引上げは、そう簡単ではありません。

　一つの方法として、専門性の高い業務を軸とするという方法があります。専門性が高いということは、代替が困難であるということを意味します。ほかにできる弁護士がいなければ、費用が高額であっても、その弁護士に依頼しなければなりません。特に希少性の高い専門分野においては、費用面を度外視して依頼する方も少なくありません。

　もっとも、専門性を高めるには、時間と労力が必要です。ホームページには「○○専門弁護士」という記載をよく見かけますが、前述したように専門性とは代替困難性を意味するものです。どんな弁護士でもできる分野で専門を名乗っても、ここでいう「専門性」には該当しません。また、専門性を高めたとしても、需要がない分野では意味がないでしょう。依頼がなければ売上にならないのですから、需要のある分野における専門性を高めていかなければならないのです。

令和の時代を迎え、私たちが生活する社会はより複雑になってゆきます。そうすると、社会に需要がある専門分野が、より広くなってゆくものでしょう。

　思いつくものだけでも、AI や IoT などの研究が進む情報技術分野、医療・バイオ分野など、先端科学に関する分野は、いずれ法律上の問題を伴うことでしょう。それ以外でも、宇宙開発に関する分野、エネルギー分野などは、日進月歩であり、イノベーションによって法的な枠組みが大きく変動することもあります。

　新しい科学技術を伴うものではなくても、今までの弁護士が取り扱ってこなかった「ニッチな分野」というものは、至るところに存在します。「これまで誰もやってこなかったけど、需要のある分野」において専門性を高めれば、それは大きな武器になります。

　一点注意しなければならないのは、代替困難な分野において専門性を高める必要があることでしょう。弁護士の取り扱う仕事の内容は、知的財産法によって保護されているわけではありません。かつての過払金請求モデルがそうだったように、容易に模倣できる内容ですと、瞬く間に他の弁護士に真似されてしまうのです。

Column

どのように専門性を身につけるか

　専門性を身につけるための方法として、その分野について勉強をしたり、資格を取得する方法が考えられます。しかし、座学で勉強したり、資格を取得しただけでは、依頼を受けることはできません。仕事として金銭をいただけるレベルにするためには、専門性のある仕事を経験しなければならないのです。

　専門性のある仕事をするためには、その分野を扱う事務所や企業に就職することが一番です。ただ、転職はハードルが高いでしょうから、最初はその分野の仕事をしている弁護士と知り合い、一緒に仕事をさせてもらえるように頼むことでしょう。経験を積むことが目的でお願いするのですから、タダ働き当然になることも覚悟しなければならないと思います。

　これまで弁護士が取り扱っていなかった分野については、その分野において活躍している団体に参加させてもらったり、勉強会に参加して発表などの機会をもらったりすることが考えられます。そのような分野であれば、弁護士はめずらしい存在でしょうから、いろいろな機会を与えてもらえるかもしれません。書籍の執筆者に名を連ねるなど、新分野の弁護士として名前を出すことができれば、依頼が来る可能性が高まるでしょう。

　どんなに知識が豊富でも、信頼できない弁護士では依頼されることはありません。どのような分野の仕事でも、信頼関係の構築は必須なのです。

3 社会貢献活動

　事務所の経営が安定し、自身が満足できるだけの収入を得ることができれば、それ以上の売上増加を求めないという選択肢もあります。

　米国における研究によれば、年収が日本円で800万円を超えると、収入の増加によっても幸福度がほとんど増加しなくなり、年収が1,500万円を超えてしまうと、それ以上に収入が増えても幸福度に影響しないとされています。この研究を全面的に信用しているわけではありませんが、年収の増加による幸福度の増加割合は、年収が上がるにつれて徐々に下がっていくことを実感することはあります。そうなると、収入を増加させる以外でも、幸福度を上げる方法を考える必要も出てきます。その一つとして、社会貢献活動があるのでしょう。

　人が満足を感じる要素の中には、「貢献要求」すなわち、誰かの役に立っていると感じることで得られる満足というものがあります。売上に直結しなくても、社会のために役に立っているという実感できる活動をすることが、幸福感に繋がることもあるのです。

　どのような活動によって幸福感を感じるかは、それこそ千差万別です。弁護士会の会務活動や、弁護団での活動のみが、社会貢献活動というわけではありません。弁護士は裁判官や検察官と異なり、活動に対する制約がないのですから（もちろん弁護倫理上避けるべき活動は存在しますが）、貢献できる活動について参加すれば良いと思います。

　もちろん、事務所経営をないがしろにしては本末転倒ですが、弁護士としてやりたいことをやる、ということも幸せな人生を営むために

は必要なことではないでしょうか。

ⓒⓞⓛⓤⓜⓝ

川口花火大会

　筆者が経営する南埼玉法律事務所は、埼玉県南部の川口市に所在しています。筆者自身も川口市出身で、名古屋にいた司法修習時期以外は、ずっと川口市で生活をしています。

　川口という街は、かつて鋳物産業で栄えました。現在では工場も減り、高層マンション立ち並ぶ東京のベッドタウンになっています。人口60万人を超える街になっていますが、これといった観光資源がないところが悩みです。

　そんな川口の街に、新しい観光資源を作ろうと、荒川河川敷の花火大会を60年振りに復活させる取組みが始まりました。中心となったのは商工会議所青年部のメンバーで、30代から40代の若手経営者たちです。私も中心メンバーの1人として、第1回大会では河川の占用許可の申請や協賛金集めに奔走しました。河川法の書籍を紐解いたのは初めての経験でした。

　さまざまな困難に直面しましたが、なんとか令和元年5月18日、第1回川口花火大会を開催することができました。5万人を超える多くの来場があった大きなイベントに、最初から携わることができたことは、とても幸せだと思います。

　弁護士の仕事として携わっているわけではないので、お金がもらえるわけではありません。むしろ、かなりの時間を割いたので、経営上の観点からは悪影響です。しかしながら、私にとって川口は、事務所を構えて仕事をさせていただいている場所であり、故郷でもあります。その街を元気にするために、力を注ぐことができ、その結果多くの人に喜んでもらえたことは、お金では得られない喜びでした。

　ただ一つ残念だったことは、花火大会が開催される前に、父が亡くなってしまったことです。10代の頃、福島県原ノ町市（現在の南相馬

市）から単身上京し、70代半ばで亡くなるまでずっと川口で働き、私を育ててくれた父は、人生の大部分を川口という街で過ごしました。そんな父に、私達が中心となって打ち上げた花火を見てもらいたかったのですが、叶えることはできませんでした。

　私は、弁護士は数多くある職業の一つに過ぎないと思っています。弁護士だから偉いのではなく、基本的人権を擁護し、高い倫理観を持ち、お客さまに対して親切なサービスを提供できるからこそ、尊敬に値するのです。これから独立される若手の弁護士の方々は、弁護士という身分に驕る方はいないと思いますが、常に謙虚な姿勢を忘れず、世の中に必要とされる人を目指して欲しいです。

おわりに

　貴重な時間を割いて本書をお読みいただき、本当にありがとうございました。乱筆乱文ゆえ、多分に読みづらいところがあったかと思いますが、ご容赦いただければ幸いです。

　私は法科大学院制度の第1期生として、2007年に弁護士登録をした後、3年後に南埼玉法律事務所を立ち上げました。経営者として過ごした約10年の間には、楽しいこと、嬉しいこと、辛いことなどのさまざまな出来事がありましたが、ようやく自分がなりたかった弁護士の姿が見えてきました。

　本編にも書きましたが、経営の安定は弁護士にとってゴールではなく、スタートだと思います。弁護士という資格を持った者として、何をやりたいのか、どういう人間になってゆきたいのかという問に対して、真剣に取り組んでゆく。ここからが大変なのだと思います。

　多くの方が本書を手にとり、仕事への取組み方や、弁護士としての生き方について考えるきっかけとなれば、これに勝る喜びはありません。私自身もまだ30代。若手弁護士の1人として、みなさんと一緒に考えてゆきたいと思います。

　本書の執筆に当たっては、株式会社日本法令の伊藤隆治氏に多大なご尽力をいただきました。ありがとうございます。

　そして、幼い子供たちを育てながらも、いつも支えてくれる妻久美子に感謝の気持ちを表したいと思います。

埼玉県川口市の自宅にて

　令和2年4月

　　　　　　　　　　　　　　　　　　　　　　　高倉　光俊

■著者略歴

高倉 光俊（たかくら みつとし）
南埼玉法律事務所代表弁護士（埼玉弁護士会所属）

1981年埼玉県出身。中央大学法学部、明治大学専門職大学院法務研究科（法科大学院）卒業後、2007年司法試験合格。翌年埼玉弁護士会に登録し、埼玉県内の法律事務所に勤務した後、2011年に南埼玉法律事務所を開設。「地域に根ざした法律事務所」として、埼玉県南部に所在する中小企業の法律顧問や、労働事件、相続事件等を扱っている。

また、社会保険労務士会、法人会や企業等におけるセミナーや、調停委員の自主的な勉強会において講師を担当するなど、講演や研修講師も行っている。

執筆・監修に書籍『改訂版・労務トラブル予防・解決に活かす"菅野「労働法」"』（日本法令）、月刊誌「ビジネスガイド」（同社）への寄稿など。

弁護士が独立を思い立ったら最初に読む本　令和2年6月1日　初版発行

〒101-0032
東京都千代田区岩本町1丁目2番19号
https://www.horei.co.jp/

検印省略		
著　者	高　倉　光	俊
発行者	青　木　健	次
編集者	岩　倉　春	光
印刷所	日 本 ハ イ コ ム	
製本所	国　　宝	社

（営　業）	TEL	03-6858-6967	Ｅメール	syuppan@horei.co.jp
（通　販）	TEL	03-6858-6966	Ｅメール	book.order@horei.co.jp
（編　集）	FAX	03-6858-6957	Ｅメール	tankoubon@horei.co.jp

（バーチャルショップ）	https://www.horei.co.jp/iec/
（お 詫 び と 訂 正）	https://www.horei.co.jp/book/owabi.shtml
（書籍の追加情報）	https://www.horei.co.jp/book/osirasebook.shtml

※万一、本書の内容に誤記等が判明した場合には、上記「お詫びと訂正」に最新情報を掲載
　しております。ホームページに掲載されていない内容につきましては、FAXまたはEメー
　ルで編集までお問合せください。

© M. Takakura 2020. Printed in JAPAN
ISBN 978-4-539-72752-2